2001
2002
2003
2004
2005

A股价值投资

20年

2001—2020年行情复盘

成 健◎著

2016
2017
2018
2019
2020

中国铁道出版社有限公司
CHINA RAILWAY PUBLISHING HOUSE CO., LTD.

内 容 简 介

在股市发展中，历史不会简单地重复，但一些似曾相识的场景总会不断出现。本书沿着宏观数据和经济政策的线索，对 A 股 20 年的走势深度复盘，帮助读者梳理出 A 股各个重要时间点的宏观政策特征、行业发展动向和各时期的投资主题，通过对 A 股 20 年政策、资金、情绪和走势等要素的分析和解读，帮助投资者找到未来投资的思路。投资者不断地复盘 A 股历史，会形成天生的盘感，能敏锐地捕捉到好赛道、好股票和好价格。

图书在版编目（CIP）数据

A股价值投资20年：2001—2020年行情复盘/成健著.—北京：中国铁道出版社有限公司，2021.10

ISBN 978-7-113-28328-5

Ⅰ.①A… Ⅱ.①成… Ⅲ.①股票投资-研究-中国 Ⅳ.①F832.51

中国版本图书馆CIP数据核字(2021)第171145号

书　　名：A 股价值投资 20 年：2001—2020 年行情复盘
A GU JIAZHI TOUZI 20 NIAN：2001—2020 NIAN HANGQING FUPAN
作　　者：成　健

责任编辑：张亚慧　　　编辑部电话：(010) 51873035　　　邮箱：lampard@vip. 163. com
编辑助理：张秀文
封面设计：宿　萌
责任校对：孙　玫
责任印制：赵星辰

出版发行：中国铁道出版社有限公司（100054，北京市西城区右安门西街 8 号）
印　　刷：三河市兴达印务有限公司
版　　次：2021 年 10 月第 1 版　2021 年 10 月第 1 次印刷
开　　本：700 mm×1000 mm 1/16　印张：12　字数：148 千
书　　号：ISBN 978-7-113-28328-5
定　　价：59.00 元

长赢之道

从"投机"到价值投资

我在 A 股市场摸爬滚打 20 年，历经数次牛市和熊市，经过不断地磨炼和总结经验，我从"投机"逐渐转变为价值投资，到现在我蜕变为长期价值投资者。

价值投资的核心理念是寻找优秀企业，陪伴优秀企业成长，获取长期、良好、可靠的回报，它是真正长赢的投资之道，是可持续的、可重复的、可长期坚持的投资策略。

过去 20 年，中国经济快速发展，优秀的企业日益增多，一大批优质公司如贵州茅台、恒瑞医药、格力电器等涨幅惊人，回馈给投资者巨额回报。

例如，茅台股价与公司业绩同步走高，茅台公司营收从 2009 年的 97 亿元飙升到 2018 年的 772 亿元，营收在 10 年间翻了约 8 倍，而净利润从 2009 年的 43 亿元增长到 2018 年的 352 亿元，净利润在 10 年间也同样翻了约 8 倍。从 2015 年股市剧烈下跌后，贵州茅台就走出了独立行情，公司股价从 166 元左右的阶段低点开始，一路狂飙，2016 年首次突破 300 元 / 股的大关。其后，2017 年突破 500 元 / 股的大关，2019 年站上 900 元 / 股的历史高位。

2009 年到 2019 年，格力电器股价从 2.7 元（前复权价）涨到 2018 年的最高 58.7 元，涨了 21 倍，收益率超过 2000%。

我将这些优质股票纳入我的投资组合中，有幸陪伴这些优秀的企业共同成长，见证了这些股票大幅起涨的同时，也收获了财富。

价值投资历程

在 2008 年前的股市，题材炒作、概念炒作大行其道，技术分析是投资主流，那时大量的书籍介绍如何抓涨停板、如何抓牛股，价值投资空有理论而践行者很少。

我初入股市时也是以技术分析为主，在 2005 年之后，我逐渐开始转型为价值投资，着力深入研究公司和行业基本面，深入了解股票真实价值，虽然当时大量的论调说价值投资不适合 A 股市场，价值投资在 A 股赚不到钱，但是我坚信价值投资是投资的主道，依靠价值投资终能实现长期盈利，依靠技术分析赚到的钱终究会还给市场。

自 2015 年股市大幅下跌以后，市场逐渐抛弃题材股和亏损股，开始重视绩优股的价值投资。2017 年市场强烈倾向于绩优、大盘蓝筹股，绩优股减亏损股指数的差值从 2015 年 6 月的 687 点上升至 2017 年的 3641 点，2017 年期间涨幅达 430%。

2019 年的股市将价值投资的重要性演绎得淋漓尽致，与以往全面普涨的牛市不同，2019 年是结构性牛市，基本面为"王"，业绩说话，"核心资产"的股票大幅跑赢股票市场指数。

2019 年，沪深两市共有 18 家企业退市，创历史新高。这 18 家企业中，1 家企业为主动退市，9 家企业为强制退市，8 家企业以重组出清资产方式退市。

虽然这个数字看起来并不多，但是相比过去 30 年时间内 A 股退市公司不过百余家的数量，18 家这个数量还是比较大的，将扰乱市场秩序、触及退市标准的企业清出资本市场，不但会激发企业活力，还会改变整个投资生态，过去"炒新、炒小、炒差"的投资理念也将过时，价值投资倾向会越来越明显，对整个资本市场而言反倒是好事。

好赛道、好股票、好价格

我的价值投资策略可用九个字总结：好赛道、好股票、好价格。

好赛道意味着行业需求高增长、行业的发展趋势是阶段性高速增长的、行业发展空间大，行业中的企业才有高营收和高利润。我在选择赛道时主要看行业是否是新兴行业？是否是国家重点布局发展的行业？

好股票意味着公司要么有稳定的盈利业绩、要么有良好的成长性，或者两者都有。在挑选股票时，我会重点评估管理层如何？公司的商业模式如何？是否具有竞争优势？是否具有护城河？

巴菲特对自己最喜欢的公司的定义是："美丽的城堡，周围是一圈又深又险的护城河，里面住着一位诚实而高贵的首领，最好有个神灵守护着这个城池。护城河就像一个强大的威慑，使得敌人不敢进攻。首领不断地创造财富，但不独占它"。

好价格意味着买入的股票要足够便宜，便宜并不意味着廉价，而是意味着买入价格必须小于股票的合理价格区间，这就需要我们对股票进行一定的估值，即使我们估值估不准，但是起码能够做到在心中对于该企业股票市场价值有个大概的了解。

找到了好赛道上的好股票，在合理的估值区间买入并长期持有，分享公司成长带来的长期收益，时间可以帮助投资者创造价值，假以时日就能换取超额收益。

复盘的重要意义

在股市发展中，历史不会简单地重复，但一些似曾相识的场景总会不断出现。

一个聪明的投资者应对 A 股的发展历程如数家珍，大脑中存储许多大幅涨跌的片段，一个片段关联众多因素，如国际经济环境、国内政策、行业驱动因素、大众情绪等。当这样的片段存储越来越多时，自然而然就形成了一种天生的盘感，当面临股市的重大转折时，马上会有"似曾相识"的感觉。

只有不断地通过复盘 A 股历史，才能培养这种盘感和"似曾相识"的感觉，当一项重大产业政策发布时，敏锐的盘感会促使投资者迅速锁定好赛道和好股票。

本书沿着宏观数据和经济政策的线索，对 A 股 20 年的走势深度复盘，帮助读者梳理出 A 股各个重要时间点的宏观政策特征、行业发展动向和各时期的投资主题,通过对 A 股 20 年政策、资金、情绪和走势等要素的分析和解读,帮助投资者找到未来投资的思路。

投资的真正意义

投资的意义不仅仅在于让财富增值,更在于让自己的精神富足,只有精神的富足才是真正的富足,才能给人带来长久裨益。

我在帮助投资者管理财富的过程中,逐渐提炼出五福理念,即富足、健康、长寿、幸福、慈善,这是我倡导并大力推行的五福人生,毕竟财富的增长并不意味着幸福感的增长,只有幸福感获得极大满足时,才有动力去赚更多的钱,希望每一个投资者幸福快乐地赚钱,畅享五福人生。

成　健

2020 年 6 月

| 目 录 |

第1章

2001年至2005年6月，漫长的熊市

2001年6月A股开始了长达四年的熊市直至2005年6月结束，在此期间，沪指波动区间为2245.43点～998.23点，跌幅56%，国有股减持成了2001年行情转熊的主要诱发因素。

1.1　2000年, 牛熊之间的缓冲之年

2000年是股市承上启下的一年, 是牛市转熊市前过渡的一年, 2000年前有1999年的519牛市大行情, 后有2001年开始的漫漫熊市。

1999年5月19日, 当天, 沪市上涨51点, 深市上涨129点。随后, 在网络概念股的带领下, 沪深股市一扫低迷, 走出大幅攀升行情, 30个交易日内股指上涨65%, 并创出2245点的历史最高点, 这被称为"5·19行情"。

伴随着一轮波澜壮阔的大牛市, 证券投资基金也出现了罕见的大爆发。

2000年的5月18日反弹行情里, 300地产指数当天上涨6.38%, 10只地产股涨停, 招商地产、保利地产、万科齐齐上涨7%以上。

2000年, A股市场取得了巨大的发展。股指迭创新高, 2000年的A股市场在市场规模、成交金额、筹资金额、开户人数等方面迭创新高, 呈现蓬勃发展的态势, 市场筹资功能进一步加强。

股票发行数量迅速增加, 筹资功能进一步加强。2000年新发行股票160只, 比1999年发行数增长60%。新发行股票中, A股为154只, 比上年增加57.14%, B股6只, 同比增长200%。

全年共募集资金2 103 103亿元, 比1999年增加了122.70%。截至2000年12月31日, 股市10年来共筹集资金6 558 172亿元, 其中2000年就占了32.06%。

2000年是国企改革攻坚战的最后一年, 2000年股市筹集了大量资金, 成为推动国企改革的重要因素。

2000年, 管理层不断加大监管力度、健全市场监管, 大力推进发行的市场化改革, 积极培育机构投资者。管理层同时要求券商加强自律, 努力实现规范化, 具

体措施有建立联席会议制度，加强监管部门合作。

监管联席会议制度的建立，可以更充分地发挥金融监管部门职能作用，及时解决分业监管中的政策协调问题、提高监督效率、促进金融业健康发展，同时也标志着我国金融市场监管体制发展到了一个新阶段。

经过了1999年5·19行情、2000年的上涨，此时国企改革基本取得阶段性胜利，在这样的背景下，2001年6月12日，国务院正式发布《减持国有股筹资社会保障资金管理暂行办法》，虽然距离1999年5月19日刚刚过去了两年，股票市场融资功能逐渐恢复，监管部门开启了股市改革，从2001年6月13日开始，A股进入了长达四年的漫漫"熊途"，见下图。

2000年后A股进入熊市（年线）

1.2　2001年，监管与改革，拉开熊市帷幕

2001年上证指数以2077.08点开盘，6月国有股减持政策发布后，大盘连续大

幅急速下跌，到10月22日已下探至1514点，随后虽有印花税降低的利好，但因市场积弱难返，终以震荡整理结束全年行情。年末股指报收于1645.97点，全年下跌20.62%。2001年股市可以称作股市"监管年"，由牛市转熊市的一年。

1.2.1 重大政策

1. 货币政策

2001年的货币政策总体还是比较稳健的，据2001年四季度货币政策执行报告："2001年，受世界经济增长明显减速的影响，我国经济增长的外部环境发生了显著的变化，货币政策的主要任务是贯彻落实中央扩大内需的方针，继续执行稳健的货币政策，灵活运用各种货币政策工具，适当增加货币供应量，调整信贷结构，维护金融稳健运行，保持物价和人民币汇率稳定，支持国民经济持续快速健康发展。"

全年的货币政策主要做了三件事：公开市场操作管理基础货币、上调再贴现利率、调整外币利率，回购利率和贷款基准利率都维持在1996年下行以来的低位水平。

2. 监管力度不断加大

在这一时期，证券市场的头等大事是加强监管。从2001年初开始，中国证监会的监管力度不断加大。

1月13—14日全国证券期货监管工作会议召开，会议强调当前要对市场反应强烈的庄家操作股市等问题进行集中查办、依法定性、依法处理，以维护证券市场秩序、切实保护投资者的利益。

2001年2月22日，中国证监会发布《亏损上市公司暂停上市和终止上市实施办法》。该办法规定，连续三年亏损的公司。如果不能在限期内实现盈利。将依法被终止上市。4月23日，"PT水仙"作为A股市场第一家直接退市的公司，成为证券市场上第一只被摘牌的股票。

4月17日，全国人大常委会决定2001年对《证券法》开展执法检查，检查的重点是证券法律体系建设、集中统一的监管体制的落实和运作、证券公司和上市公司遵守《证券法》及对投资者特别是中小投资者权益的保护情况。

3. 逐步实施季度信息披露制度

根据《证券法》的规定，上市公司和公司债券上市交易的公司，应当在每一会计年度结束之日起四个月内，向证券监督管理机构和证券交易所报送年度报告，应当在每一会计年度的上半年结束之日起两个月内，向证券监督管理机构和证券交易所报送中期报告。也就是说根据《证券法》、上市公司只需要公布中期和年报，并不需要公布季报。

2001年起中国证监会加强了对上市公司信息披露的要求，4月12日，中国证监会发布《公开发行证券的公司信息披露编报规则第13号——季度报告内容与格式特别规定》，要求上市公司披露季度财务报告，这是中国证监会实施强制性信息披露监管的又一举措，标志着我国证券市场开始逐步实施季度信息披露制度，从而进一步与国际社会接轨。

根据要求，股票交易实行特别处理的上市公司应尽量编制季度报告，同时鼓励其他上市公司编制并披露季度报告。

2001年第三季度结束后，将对股票交易实行特别处理的上市公司提出强制性披露要求，必须编制并披露季度报告。

其他上市公司尽量编制并披露季度报告。

从2001年初—6月13日，对股票市场的监管力度不断加大，但大盘实际在这个过程中反而是不断上涨的，6月13日上证综指报收2242点，较2月21日时上涨17.4%。

这说明股市对于较为严厉的监管是欢迎的，加强监管实际增强了股市的信心。

4. 国有股减持

在股市赌博论的争议中以及加强监管政策的作用下，2001年上半年的A股市场虽然仍在顽强地负重前行，但高位运行的指数已经露出疲态。虽然指数努力创出新高，但技术指标已经开始出现明显的背离。

在技术派眼里，指数走势和技术指标出现在高位或低位的背离往往预示着市场将要见顶或见底，而压垮市场的最后一根稻草正是国有股的减持。

2001年6月14日，国务院正式发布《减持国有股筹资社会保障资金管理暂行办法》（以下简称《暂行办法》），这标志着国有股减持工作正式启动。

《暂行办法》规定核心内容有以下三点：

（1）国有股减持主要采取国有股存量发行的方式。凡国家拥有股份的股份公司向公共投资者首次发行和增发股票时，均应按融资额的10%出售国有股。

（2）国有股存量出售收入全部上缴全国社会保障基金。

（3）可以选择少量上市公司进行国有股配售、回购试点，并把涉及国有股减持的协议转让，作为国有股减持的一种特殊的方法加以规范，明确国有股东授权代表单位在进行国有股协议转让时，凡发生国有股减持的均按转让金额的一定比例上缴全国社会保障基金。

《暂行办法》发布后，次日上证综指在创历史新高2245点后随即开始下跌，当日下跌1.8%。就在很多人认为这仅仅是牛市中的又一次调整的时候，始自1999年

5月19日的2年多的牛市行情，就此结束，见下图。

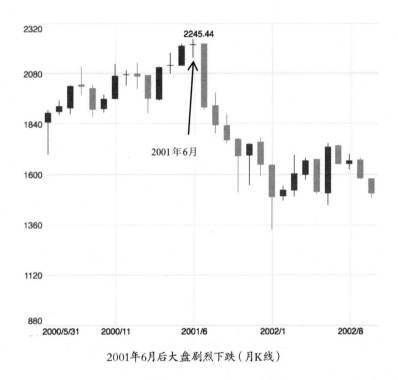

2001年6月后大盘剧烈下跌（月K线）

2001年6月26日，沧州化工、江苏索普、韶钢松山率先在增发新股中提出国有股减持。

7月27日，江淮汽车、烽火通信、华纺股份、北生制药4家公司在招股说明书中表示，将有10%的国有股存量发行，其定价即为新股发行价。从这4只股票的国有股存量来看，总共有3 250万股，需要资金37 431万元。国有股减持在新股发行中首开先河。

在国有股减持有条不紊推进之时，A股市场却开始出现震荡下跌。尤其是7月23日以后，下跌开始加速。

7月30日，上证指数遭遇"黑色星期一"，大跌109点，下跌5.27%；跌破2000点关口，收于1956点。至2001点8月28日，指数最低跌至1795点。至此，指数从高位下跌已经达到20%。

毋庸置疑，"国有股减持"这个政策的初衷是非常积极的，从长远来说对股票市场和国企改革是有利的。但在实施过程中，市场对政策的反应极其负面，问题出在减持价格上，因为长期以来A股股价估值都较高，这在当时被广大投资者解读为是"含权"的估值溢价。

这个"含权"含的就是流通股流通的溢价，当时许多观点认为，如果非流通股按照净资产（PB=1）对价来进行全流通，市场的估值就下来了，这实际造成了以前股票持有者股票价值的缩水。

5. 国有股减持暂停

10月22日，上证指数最低已经到了1514点，50只股票跌停，部分股票下跌超过8%。

中国证监会在10月22日晚9时宣布，在具体操作办法出台前，暂停执行《减持国有股筹集社会保障资金管理暂行办法》第五条关于"国家拥有股份的股份有限公司向公共投资者首次发行和增发股票时，均应按融资额的10%出售国有股"的规定。

由五部委联合调研，由财政部主持的国有股减持办法，实行了4个月后宣布暂停了，次年国务院宣布正式终止。

据统计，自2001年6月12日国务院发布减持暂行办法至10月22日国有股减持暂停，此间共有13只首发的新股和3只增发新股实施了国有股减持，国有股存量发行募资总额11.3亿元。

国有股减持的暂停使市场出现了短暂的反弹，但是这依然无法阻止股市的连续下挫，从上证综指走势来看，拉开了A股市场连续四年熊市的序幕，见下图。

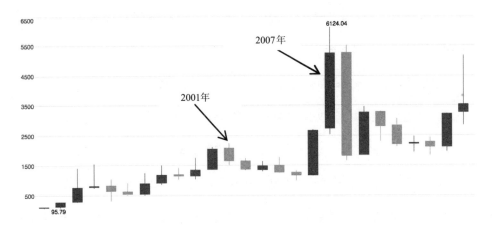

2001年之后大盘持续下跌(年线)

1.2.2 经济形势

2001年, 全年GDP增长8.3%, 增速平稳, 但出口增幅大幅回落, CPI(居民消费价格指数)和PPI(生产者物价指数)更是进入负增长区域, 对股市直接的打击是2001年上市公司业绩增速下滑, 成为A股有史以来表现最差的一年。

全球经济在2000年的下半年已经出现了明显放缓的迹象, 但中国2001年第一季度经济增速依然十分强劲, 这使得A股在2001年上半年依然持续上行, 但从第二季度开始, 全球经济对A股市场的影响开始显现, 经济增速也开始了二次探底的过程。

2001年经济二次探底, 主要体现在两个方面: 一是2001年, 全球经济衰退中我国出口增幅大幅下滑, 出口增速从最高30%左右一路下降至5%, 这使得政府为拉动经济不得不对内需进一步重视, 二是CPI和PPI两个指标转为负增长, 经济进入到通缩进程。

表面上2001年经济GDP增速达到了8.3%, 依然处于高速增长通道, 作为经济"晴雨表"的股市应该有着不俗的表现。但是实际情况是, 2001年上市公司的业绩很差, 据统计, 2001年全部A股归属母公司所有者净利润的增速是负42%, 这与经济整体8%以上的增速形成了很大的反差。

造成2001年上市公司业绩极差的原因学者认为主要有三个:

其一, 经济回落中企业效益回落的增幅更大。实际上不仅仅是上市公司, 2001年规模以上的工业企业利润增速的回落幅度普遍很大, 单季度利润增速同比增速从一季度的46%下滑到二季度的15%再到三季度和四季度的负增长。

其二, 2001年实行了新的会计制度, 对企业利润的影响。从2001年1月1日起, 上市公司开始执行新《企业会计制度》和《企业会计准则》及其补充规定。其中影响较大的规定是在计提短期投资、长期投资、存货、应收账款这四项减值准备的基础上, 新增对固定资产、在建工程、无形资产、委托贷款这四个项目的计提, 新的会计制度对上市公司业绩产生了"挤泡沫"的效应。

其三, 打击财务造假对上市公司夸大利润产生了威慑作用, 2001年先后爆发了多个重大财务造假被披露, 在证监会加强监管的背景下, 上市公司的违规财务操作显然不得不有所收敛, 这也是造成2001年上市公司业绩数字如此难看的原因之一。

2001年A股上市公司利润增速大幅下滑, 是A股历史上上市公司利润增速最低的一年。2001年全部A股、主板、非金融上市公司归属母公司所有者净利润增速-42%, 较上年下降44%。从趋势上来看, 2001年利润增速的下滑延续了2000年的趋势, 但下降幅度远胜于2000年。

2001年整体利率水平维持在低位, 但A股估值在一季度之后就持续回落, 以上证综指计算, 从年初的64.7倍(TTM——滚动市盈率)下降至40.4倍(TTM), 跌幅高达37%, 而影响2001年估值走势最重要的因素就是基本面的变化。

上文提到，2001年一季度GDP的表现依然非常强劲，估值和盈利在一季度都是上涨的，这支撑了股市在2001年上半年的持续上行。但从二季度开始，受到全球经济衰退的影响，经济增速开始回落，GDP和出口增速下降，通缩压力开始显现，而与此同时，上市公司业绩的回落幅度更大，估值大概从6月份开始迅速下降一直到2001年底。

2001年指数估值和业绩的走势几乎完全一致，因此可以说，2001年股市的走势基本是受宏观因素主导的，虽然GDP增速不低，但经济的大幅回落确实大幅度拖累了上市公司的业绩，也严重影响了投资者对未来基本面的判断。

1.2.3　主要事件

1. 银广夏事件

在2001年的A股市场中影响最为恶劣的事件是"银广夏"的财务造假事件。

银广夏公司全称广夏（银川）实业股份有限公司，证券简称"银广夏"。银广夏1994年6月上市，曾因其业绩骄人和诱人的前景而被称为"第一蓝筹股"。1999年12月30日银广夏股价开始启动，1年后猛涨6倍，成为2000年最热股票。

银广夏1994年在天津成立了控股子公司天津保洁制品有限公司。保洁公司曾经在1996年通过德国西·伊利斯公司（C.ILLES＆CO.）进口了一套泵式牙膏生产设备，这是可查的银广夏与西·伊利斯公司最早的往来记录。

此后，银广夏又从西·伊利斯公司处订购了一套由德国伍德公司（Krupp Uhde）生产的500立升×3二氧化碳超临界萃取设备。这是传奇的起点。

1998年，天津广夏接到了来自德国诚信贸易公司的第一张订单。其时，保洁公司已于1997年12月31日更名为天津广夏（集团）有限公司（下称天津广夏）。

银广夏当年10月19日发布的公告称，天津广夏与德国诚信公司签订出口供货协议，天津广夏将每年向这家德国公司提供二氧化碳超临界萃取技术所生产的蛋黄卵磷脂50吨及桂皮精油、桂皮含油树脂和生姜精油、生姜含油树脂产品80吨，金额超过5 000万马克。

几个月之后，1999年6月19日，在郑州召开的全国农业产业化龙头企业研讨会上，当时的银广夏董事局主席陈川这样讲述这单合同的暴利内涵："……德国诚信公司于1999年6月12日一次订货总价达5 610万马克。6月26日，一艘载着天津广夏第一批农产品萃取产品的货轮起锚离港，远航德国。这第一批产品出口，竟获利7 000多万元！"

随后，银广夏公告称将再从德国进口两条800立升萃取生产线，后又将计划升级为两条1500立升×3和一条3500立升×3的生产线。计划中的生产能力是天津广夏现有生产能力的13倍之多！一时间，市场为其展现的暴利前景而沸腾。

2000年2月银广夏公布了1999年年报，每股盈利0.51元，并实行公司历史上首次10转赠10的分红方案。

从1999年12月30日至2000年4月19日不到半年间，银广夏从13.97元涨至35.83元，于2000年12月29日完全填权并创下37.99元新高，折合为除权前的价格75.98元，较一年前启动时的价位上涨440%。

2001年3月，银广夏公布了2000年年报，在股本扩大一倍的情况下，每股收益增长超过60%，达到每股0.827元，盈利能力之强，令人咋舌。

其利润绝大部分来自天津广夏：银广夏全年主营业务收入9.1亿元，净利润4.18亿元。更恢宏的利润前景在前头。

2001年3月，银广夏再度公告，德国诚信公司已经和银广夏签下了连续三年、每年20亿元人民币的总协议。以此推算，2001年银广夏的每股收益将达到2~3

元，这将使银广夏成为"两市业绩最好市盈率却最低的股票"。

2001年6月18日：银广夏宣布，一条1500立升×3二氧化碳超临界萃取生产线已在安徽省芜湖市建成。

在专家和同行的眼里，银广夏凭此取得的惊人效益，处处皆是疑点，他们提出以下几处疑点：

第一，以天津广夏萃取设备的产能，即使通宵达旦运作，也生产不出其所宣称的数量。

即使只按照银广夏2000年1月19日所公告的合同金额，1.1亿马克所包括的产品至少应有卵磷脂100吨、姜精油等160吨。可资为证的是，天津广夏称于1999年出口的价值5 610万马克货物中，就已包括卵磷脂50吨，姜精油等80吨。

但根据国内专家对这一技术的了解，即使设备24小时连续运作，一套500立升×3的二氧化碳超临界设备实际全年产量绝对超不过20~30吨。

也许正是为了使之"符合逻辑"，2001年3月，天津广夏董事长李有强在银川告诉记者，天津广夏已掌握了特别技术，能大幅提升产能。他以蛋黄卵磷脂的提取为例说明，天津广夏的500立升×3设备已经将萃取时间从10个小时缩短到3个小时并进一步缩短到30分钟；今后通过上一套"在线监测"设备，还将把萃取时间缩短到十几分钟；而且，天津广夏生产的蛋黄卵磷脂的精度已从35%提高到97%。加上天津广夏是"四班三运转"日夜工作，产量自然惊人。

简而言之，仅从技术上而言，天津广夏不可能在预定时间内生产出满足合同规定数量的产品。

第二，天津广夏萃取产品出口价格高到近乎荒谬。

在2001年3月银广夏股东大会前召开的二氧化碳超临界萃取研讨会上，时任天津广夏董事长李有强曾说："以姜为例，50公斤含水率在10%以下的干姜可以出1公斤油、1公斤含油树脂。国内最好的山东产干姜每吨7 000元，但欧洲市场的价格是每公斤姜精油700~900马克（折合人民币约2 800~3 600元），每公斤含油树脂是160~200马克（折合人民币约640~800元），天津广夏的出口价还处于中上等。加上人工费、水电费、机器折旧费，你们可以算算利润率。"

银广夏提供的售价，与国际市场的伦敦价格，与众多国内厂家、行业专家提供的参考价有着巨大的差距。以姜精油为例，银广夏公布的价格是每公斤在2800~3600元，而2000年11月17日，伦敦市场CIF价是100美元／千克（折合人民币约827元／公斤），无论是上述哪个价格，与国内、国际的实际市场价格相比，均有大幅度提高。

第三，银广夏对德出口合同中的某些产品，根本不能用二氧化碳超临界萃取设备提取。

据专家介绍，二氧化碳超临界萃取技术有一个重大局限，就是只有脂溶性（也称为非极性、弱极性）的物质才能从中提取，而且往往需要与其他技术相结合才能生产精度较高的产品。

天津广夏声称其产品蛋黄卵磷脂的精度已经从35%提高到97%。但是，一位专家告诉记者，仅凭天津广夏那一套500立升×3的萃取设备，是不可能提取出精度超过30%的卵磷脂的，必须要配套利用大量乙醇来进行提纯的后期分离设备，但天津广夏并没有这些设备。

此外，疑点还有很多。

银广夏称，2000年，公司对德国出口了50吨以上的卵磷脂，这至少需要上千吨原料。但据知情人士透露，蛋黄卵磷脂的原料蛋黄粉在国内只有两个生产基地，分别在沈阳和西安，可事实上两地加起来卖给银广夏的蛋黄粉亦不过 30 吨。

对天津广夏更为不利的证据是，经过反复调查后，天津海关出具了一份书面证明："天津广夏集团有限公司 1999 年出口额 480 万美元、2000 年出口额 3 万美元。"天津海关还查得，天津广夏从 2001 年 1—6 月，没有一分钱的出口额。

随着时间的推移，众多的疑点已经令很多人无法熟视无睹。

2001 年 8 月，《财经》杂志发表《银广夏陷阱》一文，银广夏虚构财务报表事件浮出水面。

8 月 3 日，中国证监会对银广夏公司正式立案调查，8 月 6 日，调查组进驻银广夏，对公司整体情况进行调查，初步认定银广夏存在造假问题，"重灾区"是其控股公司天津广夏公司。

8 月 8 日，银广夏发布公告，承认天津广夏公司存在产品质量、出口数量、结汇金额及财务数据虚假，问题严重、涉及面广、需要彻查。8 月 9 日银广夏再次发布公告、宣布停牌 30 天。2001 年 8 月 25 日，财政部发出通告严查上市公司的造假行为。

9 月 6 日中国证监会新闻发言人表示，证监会已经查明银广夏公司通告各种造假手段，从原料购进到生产、销售、出口等环节，公司伪造了全部单据，包括销售合同和发票、银行票据、海关出口报关单和所得税免税文件。同时还查明中天勤会计师事务所违反有关法律法规，为银广夏出具了严重失实的审计报告。证监会已经依法将银广夏事件涉嫌证券犯罪人员移送公安机关追究刑事责任。

9 月 10 日，停牌一个月的银广夏以跌停板价格复盘，随后一路狂跌。经过惨烈的 15 个连续跌停，股价从停牌前的 30 多元跌至每股不到 7 元。

2001 年 9 月后，因涉及银广夏利润造假案，深圳中天勤会计师事务所实际上已经解体。财政部亦于 9 月初宣布，拟吊销签字注册会计师刘加荣、徐林文的注册会计师资格。

2002年5月14日，中国证监会对银广夏造假事件作出处罚，处以罚款60万元，2003年9月16日，银广夏案一审判决结果公布。

天津广夏原董事长兼财务总监董博因提供虚假财会报告罪被判处有期徒刑三年，并处罚金人民币10万元。法院以提供虚假财会报告罪分别判处原银川广夏董事局副主席兼总裁李有强、原银川广夏董事兼财务总监兼总会计师丁功民、天津广夏原副董事长兼总经理阎金岱有期徒刑两年零六个月，并处罚金3万元至8万元；以出具证明文件重大失实罪分别判处被告人深圳中天勤会计师事务所合伙人刘加荣、徐林文有期徒刑两年零六个月、两年零三个月，并各处罚金3万元。

2. A股退市制度形成

1994年实施的《中华人民共和国公司法》原则上规定了上市公司在一定条件下暂停上市和终止上市的情形，但是长时间以来都只是停留在纸面上，没有得到具体实施。

1998年4月，上交所和深交所同时宣布，根据1998年实施的股票上市规则将对财务状况或其他状况出现异常的上市公司股票进行"特别处理"（special treatment,ST），并在证券名称前面标示ST。ST公司的股票涨跌幅限制为5%。

1999年4月，"厦海发"因为连续亏损成为首家ST公司。

1999年《中华人民共和国证券法》实施后，上交所和深交所宣布，上交所公司连续三年出现亏损情况，其股票将暂停上市。从1999年7月9日起，对这类暂停上市的股票实施"特别转让服务"。

当时规定，上市公司PT以后如果再度连续三年亏损，则终止上市，但如果上市公司在PT以后三年内有任意一年实现盈利，则可以申请恢复上市交易。

在2001年2月，中国证监会发布规定，正式取消PT制度，上市公司连续三年亏损即停止交易，证券交易所不再提供特别转让服务。暂停交易后第一个会计年度仍然继续亏损的，将直接终止上市。2001年4月，"PT水仙"成为A股市场中首家退市的公司。

7月"证券公司代办股份转让系统"正式运行，简称"三板市场"。其中股票包括STAQ和NET的停牌股票，以及从沪深市撤牌的ST和PT股票。

3. 中国加入WTO

2001年股市最热门的概念无疑是"入世概念"，中国加入WTO。"入世概念"引发的行情逻辑有好几个，其中包括：

（1）加入WTO后，我国可以获得多变、稳定、无条件的最惠国待遇，并以发展中国家的身份获得普惠制等特殊优惠待遇，这是有利于实现市场的多元化，使得我国的出口贸易有较大的增加。

（2）加入WTO后，中国的国内市场，尤其是服务市场将更加开放，外商直接投资的总量将大幅增加。

（3）中国劳动力密集产业将迎来巨大的市场等。

从股市行情来看，在"入市概念"热点的刺激下，2001年纺织服装、交通运输（港口）、机械设备这几个板块的表现都相对较好。

1.3　2002年，股市继续低迷下跌

2002年A股市场的开局延续了2001年的下跌态势。随后，在降息等政策利好的推动下，上证综指从2月初开始迎来小幅反弹行情。此轮温和反弹的行情

一直持续至4月底，但其间的涨幅也在随后到来的5月连续下跌中基本回吐。

6月23日，管理层宣布停止国有股减持，市场出现了当年第二波快速反弹行情，千股涨停，沪指迎来了2002年的"6·24"行情。然而此轮反弹昙花一现，从6月下旬到年底，持续的下跌整理氛围一直充斥着股市，最终2002年的上证综指收于全年收盘价最低1358点。

截至2002年12月31日，沪深A股市场中的1 200家上市公司股票，只有132家上涨，1067家下跌。

1.3.1 重大政策

1. QFII政策出台

2002年A股市场最值得关注的是中国证券市场进一步对外开放。

11月4日，经国务院批准，中国证监会、财政部和国家经贸委联合发布《关于向外商转让上市公司国有股和法人股有关问题的通知》，允许向外商转让上市公司国有股和法人股。

允许向外商转让国有股和法人股，把中国证券市场并购重组推向新阶段，将提升中国上市公司整体质量，为中国证券市场的稳定健康发展打下良好的基础。

11月7日，QFII制度正式出台。中国证监会与中国人民银行11月7日联合发布了《合格境外机构投资者境内证券投资管理办法》，允许合格的境外投资者在一定规定和限制下通过严格监管的专门账户投资境内证券市场。该办法于2002年12月1日正式实施，标志着境内证券市场的大门向境外投资者正式开放。

11月28日，国家外汇管理局发布《合格境外投资者境内证券外汇管理暂行规定》，对于托管人管理、投资额度管理、账户管理、汇兑管理和监管管理等内容做了更加细致、明确的规定。规定单个合格投资者申请的投资额度不得低于等值5 000万美元的人民币，不得高于等值8亿美元的人民币。规定将于2002年12月1日起施行。

除了QFII外，中国证券市场对外开放在其他领域也开始有了突破，备受瞩目的中外合资证券公司和基金公司开始先后成立。10月16日，首家中外合资基金管理公司获准筹建，国泰君安和德国安邦组成了国安基金公司。12月19日，首家合资券商获准成立，湘财证券和法国里昂证券组成华欧国际证券有限公司。

2. 暂停国有股减持

6月24日，国务院决定暂停国内上市公司利用证券市场减持国有股，并不再出台具体实施办法。当天股指走出了大涨的走势。

除了6月24日发布重大利好消息的当天，其余多数时间股市走势都很疲软。

但是，6月24日上市公司国有股减持暂停后，市场不但没有出现预期的稳步回暖走势，反而踏上了持续半年时间的漫漫熊途。

总体而言，2002年监管层发布了一系列利好举措，以增加市场资金的流动性，激发市场人气，维持证券市场积极健康的发展。

然而市场运行的根本趋势并没有因为利好消息的出台而发生变化，调整和低迷始终是2002年内大多数时间的市场主导特征，见下图。

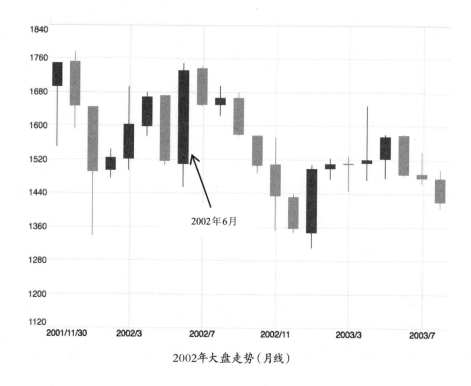

2002年大盘走势（月线）

1.3.2 经济形势

2002年中国经济的各项增长指标全面超过上一年。全年GDP增速9.1%，较上一年上行0.8%；固定资产投资累计同比增速达到18.3%，较上一年提高3.9%，其中制造业固定资产投资增速超过30%；工业增加值累计同比增速12.6%，较上一年提高2.7%。在这种背景下，2002年工业企业利润同比增速出现了显著的回升，单季度同比增速从一季度的−9%大幅回升到四季度的38%。

2002年中国经济运行中一个曾令人担忧的问题是通货紧缩，如前所述，CPI和PPI同比在2000年转正后，2001年因为全球经济衰退的原因再度进入负增长。在整个2002年，CPI和PPI的走势基本上是U形的，全年大多数时间里物价处于负增长区间，到年底时CPI和PPI同比增速再度转负为正。

由于2001年中国经济再度进入通货紧缩，2002年2月21日，经国务院批准，中国人民银行再次降低了金融机构存贷款利率。其中，存款利率平均下调0.25个百分点，贷款利率平均下调0.5个百分点。

根据中国人民银行测算。1996年以来中国人民银行连续8次降息，金融机构存款利率累计下调5.98个百分点，贷款平均利率累计下调6.97个百分点。降息对降低国债和政策性金融债发行成本、减轻企业利息支出、刺激投资和消费、支持实施积极财政政策发挥了重要作用。

2002年A股上市公司利润的增速较上年有所提升，虽然由于税改因素的影响，上市公司利润绝对增速仅有个位数，但相比于2001年接近−41.7%的增速确实是有很大的改善。2002年全部A股归属母公司所有者利润增速为1.5%，较上年提高43.2%，三季度利润大幅改善，累计增速由负转正。

2002年A股的估值变化呈现两个不同的阶段。

第一阶段，在8月份以前，在央行降息和国务院决定停止在国内证券市场减持国有股利好的刺激下，股市节节攀升，市场市盈率也一路走高，这个过程对应的正好是上市公司利润同比增速大幅回升。

第二阶段，8月份以后A股估值出现了明显的回落，上证综指市盈率PE（TTM）从57倍回落到45倍左右，对于这段变化的理解，分析认为可能是由两方面造成的，一是上市公司增速回升趋势没有了，四季度利润增速较三季度还有所下滑；二是从7月份以后随着通货膨胀的逐渐回升，利率出现了明显的上升。

1.4 2003年, 特殊之年

2003年初上证综指的开局扭转了2002年的下跌局面, 并在一季度持续温和上涨。在4月份"非典"爆发后, A股一路走低连续下跌。11月13日, 上证综指下探至1307点的低位, 创下2000年以来的新低, 见下图。

2003年大盘创新低(月线)

2003年上半年"非典"对我国产生了很大的影响, 但这不影响中国经济的强劲势头。2003年中国经济的各项指标都呈现出加速上升的势头。全年GDP实际增速10.0%, 较上一年上行了0.8%; 工业增加值累计同比增速17.0%, 较上一年提高了4.4%。全年工业企业利润总额同比增长44%, 增速较上一年提高了22%。

2003年固定资产投资累计同比增速达到29.1%, 其中6月份投资增速最高时累计同比增速达到了32.8%, 之后政府开始关注控制开发区规模。出台了抑制一系列生产能力过剩及重复建设政策, 投资增速也略有小幅回落。

2003 年 A 股上市公司利润增速较上一年大幅提升，全部归属母公司所有净利润增速为 42.3% 左右，较上年提升幅度为 41%，从增速来看，上市公司利润在 2003 年实现了质的飞跃。

整体看 2003 年全年业绩增速是大幅提升的，然而估值却一路下滑。以上证综指计算，2003 年市盈率（TTM）在 36.6 倍，较 2002 年底大幅下降 18%，全年仅在最后一个半月有 16% 的涨幅。

2003 年估值一路下行的原因是市场对经济过热引发的货币政策转向的预期。从 2002 年底至 2003 年初工业增加值同比和 PPI 同比迅速"飙升"，热钱不断涌入，市场对于政策收紧的预期不断升温，从而导致估值的持续下行，而下半年货币政策的收紧也确实发生了。

1.5　2004 年，股市转折之年

2004 年 2 月股市在"国九条"政策利好的刺激下，股指一路顺势上攻至 4 月初的 1783 点，创出全年最高点位。但是，宏观政策的收紧、上市公司国有股流通办法将适时出台的消息使得股指结束反弹一路走熊，9 月创出新低。此后，监管层要求抓紧落实"国九条"的消息，引发股指的强劲反抽，随后再度转为下跌，至年末股指较上一年下跌 15.40%。

1.5.1　重大政策

1. "国九条"出台

2 月 2 日，国务院《关于推进资本市场改革开放和稳定发展的若干意见》（简称"国九条"）出台。该意见提出鼓励合规资金入市，支持保险资金以多种方式直接投资资本市场，逐步提高社保基金、补充养老金等投入资本市场的比例，积极、稳妥解决股权分置问题，稳步解决目前市场上公司股份中不能流通股份的流通问题。

《中国证券报》发表社论《资本市场翻开新一页》指出，"国九条"的发布表明，中国资本市场的改革与发展，不仅屡屡被提上最高决策议程，而且将要进入全面实施与推进的新进程。

股市在"国九条"的利好刺激下持续上冲，年初至4月初上证综指上涨17%，然而好景不长，随着宏观调控政策的收紧，股市随即开始下跌，刚企稳的牛市行情夭折，见下图。

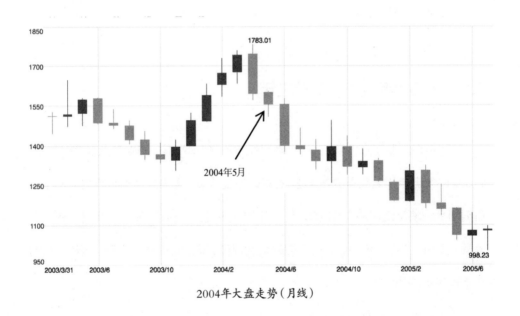

2004年大盘走势（月线）

9月13日，国务院召开常务会议明确强调要抓紧落实"国九条"各项措施，受此利好消息影响，市场信心大增，14日便站上1300点。9月16日，《人民日报》报道了这几日的行情并配文《重振投资者的信心》。

在管理层和中央媒体的鼓舞下，大盘指数从9月14日至9月20日短短几天上涨了16%，但事后证明这波上涨行情仅是短线资金的炒作，股市不久便再次下跌。

大盘下跌后开始盘整，其间利好、利空交织，大盘走势并不明朗。

10月25日，中国保监会和中国证监会联合发布《保险机构投资者股票投资管理暂行办法》，允许保险机构直接投资股票市场。但与此同时，10月28日央行宣布开始上调金融机构贷款基准利率，并放宽人民币贷款利率浮动区间和允许人民币存款利率下浮。这是自1995年7月以来央行首次上调存贷款利率。

11月上半月监管层出台系列措施落实"国九条"，指数再度小幅反弹，但随后便再度下跌，最后一个季度仍以遗憾收官。

2004年12月16日，《上市公司非流通股股份转让业务办理规则》出台，使得市场对非流通股问题再次担心，上海综合指数也紧跟再次跌破1300点。

2. 提高法定存款准备金

2004年央行再次提高法定存款准备金，并建立了差别存款准备金制度。

针对投资需求过旺。货币信贷增长偏快、通货膨胀压力加大等问题，央行于2004年4月25日再次提高金融机构存款准备金率0.5个百分点，以控制货币信贷总量增长过快，这是自2003年9月提高存款准备金率1个百分点后再度提准。

与此同时，央行从2004年4月25日起施行差别存款准备金率制度，金融机构适用存款准备金率与其资本充足率、资产质量状况等指标挂钩，对资本充足率低于一定水平的金融机构施行相对较高的存款准备金要求，建立正向激励与约束机制。

为了控制货币的投放，中国人民银行从2004年3月25日起，将用于金融机构头寸调节和短期流动性支持的再贷款率统一增加0.63个百分点，再贴现利率增加0.27个百分点。

而且央行决定从2004年10月29日起上调人民币存贷款基准利率。一年期存贷款利率上调0.27个百分点，其他各档次存贷款利率也进行相应调整，中长期存贷款利率上调幅度大于短期，这是我国自1995年以来的首次加息。

1.5.2　经济形势

2004年，世界经济开始全面复苏，中国经济继续强劲增长。2004年中国经济的各项指标均表现良好，全年GDP增速为10.1%，较上年提高0.1%，继续保持着两位数的增长速度。

固定资产投资累计同比增速达到28.5%，较上年小幅回落0.6%，继续保持着不错的增长速度；工业增加值累计同比增速16.7%较上年小幅下降0.3%，全年工业企业利润总额同比增长57%，增速较上年大幅提高13%。社会消费品零售总额名义同比增速13.3%，比上年提高4.2%。

2004年宏观经济运行的核心特征就是经济过热导致的"宏观调控"。2004年一季度，我国制造业投资增速就达到75.8%，在30个制造业行业中，有8个行业投资增速超过100%，有14个行业投资增速超过50%，尤其是中央严格控制的钢铁、水泥行业的投资增速仍然高达107%和101%。同时，新开项目大量增加，2004年一季度新开项目19 234个，比2003年同期多增加4 561个。

经济过热导致全国23个省区出现拉闸限电，到处缺煤、缺油、运输极度紧张。2004年从年初开始，各种宏观调控政策陆续出台，政策之多、力度之大，都是前所未有的。

2004年A股上市公司利润增幅较上年有所下降，但绝对增速仍然不低，全部A股2004年全年归属母公司所有者净利润累计增速为28%，较上年下降14%左右, 但增速下降主要是由于四季度上市公司利润的严重下滑, 而2004年前三季度上市公司利润累计增速均超过40%。

在业绩增速下降的同时, 2004年指数总体的估值水平也大幅回落, 以上证综指计算, 2004年底市盈率PE（TTM）21.5倍, 较2003年底大幅下降41%。

事实上, 上半年上市公司盈利增速并没有太大变化, 但估值却在一季度小幅上冲后迅速下降, 这个和中央抑制经济过热的"急刹车"政策转向有直接关系。在政策调控下GDP增速和固定资产投资及信贷增速在一季度之后便出现了大幅下滑, 也就是说, 政策上的明确转向使得市场对于后一阶段的经济增速比较悲观, 由此出现了估值先行下杀的情况。

而下半年上市公司利润增速也出现了下滑, 四季度上市公司利润增速从40%以上迅速下降至30%以下, 加上持续上行的利率, 估值持续走弱。

1.5.3　主要事件

1. 公布新修订的《股票上市规则》

2004年11月29日, 证监会公布了新修订的《股票上市规则》, 新规则在信息披露上更侧重于科学性、持续性和公平性。

在2002版规则的实践中, 例行停牌占了相当高的比例。而涉及股价异常波动的特别停牌占停牌总量不到10%, 导致投资者把停牌视为一种正常的现象, 很难起到警示市场的作用。

新规则取消了季度报告和部分临时报告的例行停牌, 如取消了上市公司于交易日公布董事会关于权益分派、配股、公积金转增股本等决议所进行的临时性停牌。新规则在保证投资者有足够时间获取上市公司信息的前提下, 进一步提高了市场效率。

另外，新规则也赋予交易所在停牌和复牌问题上更多的自主权，以突出警示性停牌的作用。

如新规则规定，交易所可以根据实际情况或中国证监会的要求，决定上市公司股票及其衍生品种的停牌与复牌，避免上市公司泛滥成"T"。

如原规则对于应予以退市风险警示的财务状况异常的情形之一规定为：最近一个会计年度审计结果显示其股东权益低于注册资本，即每股净资产低于股票面值；新规则将其调整为上市公司最近两年连续亏损（以最近两年年度报告披露的当年经审计净利润为依据），调整之后上市公司的入"T"门槛有所抬高。

另外，原规则规定，"公司涉及负有赔偿责任的诉讼或仲裁案件，依照法院或仲裁机构的判决或裁决的赔偿金额累计超过公司最近经审计的净资产的50%的，需要作出退市风险警示"，而新规则则取消了这一规定。

专业人士指出，规则修订之后，可以在一定程度上避免上市公司泛滥成"T"，强化上市公司高管责任。

新规则进一步明确和强化了高管责任，如强调对上市公司董(监)事和董事会秘书及其他高管人员的管理，要求高管人员补充签署《声明及承诺书》，并将原规则中的有关内容单独抽出，补充完善后作为第三章。

新规则增加了关于董事诚信勤勉义务的具体内容和独立董事任职资格备案的有关规定。新规则规定，董事应当履行的诚信勤勉义务包括：原则上应当亲自出席董事会，以正常合理的谨慎态度勤勉行事并对所议事项表达明确意见；因故不能亲自出席董事会的，应当审慎地选择受托人等。

新规则还增加关于董事会秘书职权范围的规定，并对其职责和任职条件提出了更为严格的要求。还进一步规范了公司在董事会秘书出现空缺、不能履行职责等特殊情况下的应对措施。

新规则虽然只是修订和补充性的，但重要的一点就是充分地细化、填补了旧规则中具有的一些不确定性，挤压和剔除灰色空间，强化了规则的可操作性和执行力，从而体现了证券市场公平、公开、公正的"三公"原则。

2.《关于加强社会公众股股东权益保护的若干规定》出台

2004年12月8日，证监会正式出台了《关于加强社会公众股股东权益保护的若干规定》，作为保护社会公众股股东最重要的措施的"上市公司分类表决制度"浮出水面。

此项"长期利好"措施的出台，市场反应平淡。

1.6　2005年（年初—6月6日）——跌破千点大关

2005年初，受恢复新股发行的影响，市场持续下跌。1月14日，中国证监会宣布即日起恢复新股发行，并正式实施股票发行询价制度。市场消化新股的利空消息直至1月底。

1月24日，经国务院批准，调整证券交易印花税税率由此前的2‰降低为1‰。这也是证券市场第七次调整印花税税率。2月16日，中国保监会和中国证监会下发《关于保险机构投资者股票交易有关问题的通知》及《保险机构投资者股票投资登记结算业务指南》，这也意味着进入保险资金直接入市的实质性操作阶段。

印花税的降低和保险资金的入市给市场情绪注入了强心剂，指数攀升至年内高点。

2月20日，《商业银行设立基金管理公司试点管理办法》公布并开始实施，商业银行可以直接出资设立基金公司。在诸多利好的消息提振下，指数在2月底触及1328点年内高位。尽管1月份小幅回调，但截至3月底指数仍有6%的涨幅。

从3月初两会召开开始，关于股权分置改革的讨论层出不穷，市场对于国有股流通问题十分担心，交易情绪低迷。3月17日，央行宣布降低超额准备金利率，然而这并没有阻止市场下跌。

4月30日，中国证监会发布《关于上市公司股权分置改革试点有关问题的通知》（以下简称通知），股权分置改革试点工作宣布正式启动。虽然《通知》规定了国有股流通上市的锁定期，但国有股流通后对市场流动性的担忧使得市场开始加速下跌。

4月14日，宝钢股份宣布将增发总数为50亿股的人民币普通股。5月出现了证券公司的关门潮。南方证券、北方证券、亚洲证券由于违规被相继关闭，这些消息都对市场的交易情绪有很大的打击，虽然监管层在5月底叫停了新股发行，但市场仍"跌跌不休"。

6月6日，上证指数8年来首次跌破千点大关，回到三位数。在3月份开始的这波下跌周期中，指数跌幅高达21.5%。

第2章

2005年6月至2007年10月的大牛市

股权分置改革成为本轮行情的导火索，2005年6月6日—2007年10月16日，2年多的时间里，涨幅超过10倍的股票层出不穷，本轮牛市是投资者印象最深的一次牛市。

2.1 2005年（6月6日—年底），股权分置改革，开启牛市

2005年6月开始，市场信心有所稳定，大盘逐渐展开了超跌反弹行情，大盘步入了探底回升走势，另外股改形成的对价含权题材成为市场的一个主要题材，加上政策面的宽松，QFII、保险、银行号基金、企业年金等众多新的资金渠道的扩容，为市场营造了一个比较好的环境。

大盘在6月6日跌破千点，创下了998.23点新低，随后掀起了超跌反弹，千点关口在7月12日探底1004.08点后止跌企稳，由此确认了千点是新的"政策底"。

998.23点也将成为5年漫漫熊市的一个重要节点，从这一底部的形成时间看，股改这一市场最大的不确定因素的兑现使市场出现了"利空出尽"的效应，可以说"千点"和"股改"的重合形成了市场的一个重要转折点。

2.1.1 重大政策

1. 股权分置改革启动

2005年股权分置改革取得突破性进展。

从3月初两会召开开始，关于股权分置改革的讨论就此起彼伏，市场对于国有股流通问题十分担忧，交易情绪低迷。

3月17日，央行宣布降低超额准备金存款利率，然而市场仍然继续下跌。

4月29日，"五一"长假前的最后一个交易日。当日，上证指数收盘于1159点，下跌0.85%。当晚，中国证监会发布《关于上市公司股权分置改革试点有关问题的通知》（以下简称通知），股权分置改革试点工作正式启动。

证监会在当时的文件中指出，股权分置改革是指上市公司的一部分股份上流通，一部分暂时不上市流通，这是由诸多历史原因造成的。股权分置影响证券市

场预期的稳定和价格发现功能，使公司治理缺乏共同的利益基础，不利于国有资产管理体制改革的深化，已经成为完善资本市场基础制度的一个重大障碍，需要积极稳妥地加以解决。

按照规定，为了保持市场稳定和保护投资者特别是公众投资者的合法权益，证监会根据上市公司股东的改革意向和保荐机构推荐，协商确定试点公司。试点公司股东自主决定股权分置问题解决方案。

管理层之所以选择劳动节前启动股改，是为了避免炒作。"五一"期间管理层肯定会形成试点公司名单，节后一开市试点公司就停牌，没有炒作的空间。

5月8日，五一长假最后一天的下午，首批试点公司出炉。三一重工、金牛能源、清华同方和紫江企业4家上市公司入围首批试点公司。

5月9日，4家试点公司停牌。整个市场议论声起。一时间，4家公司及其对价方案成为市场关注焦点。

虽然《通知》规定了国有股上市的锁定期，但国有股流通后对市场流动性的担忧已然成为这段时间加速市场下跌的主要原因。

6月6日，上证综指8年首次跌破千点大关，回到了三位数，最低至998点。在3月开始的时候的这波下跌周期中指数跌幅达到了21.5%。

6月10日，三一重工股权分置改革方案获得通过，由此三一重工成为中国证券史上第一个通过股权分置改革实行全面流通的上市公司。

6月17日，三一重工实施股改方案，更名"G三一"，股价跌去30%。

三一重工2005年走势见下图。

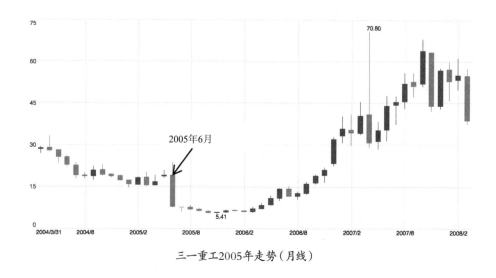

三一重工2005年走势（月线）

2. 股权改革全面展开

6月12日，中国证监会制定了《关于实施股权分置改革的上市公司的控股股东增持社会公众股份有关问题的通知（草案）》，将允许股权分置试点公司控股股东在二级市场增持流通股。

6月17日，国务院国资委公布了《国务院国资委关于国有控股上市公司股权分置改革的指导意见》，该意见要求，国有控股上市公司及其国有股股东，以及各级国有资产监督管理机构要从改革全局出发，积极支持股权分置改革工作。

6月20日，中国证监会又公布了第二批股权分置改革名单，共有42家上市公司进入试点名单，其中10家中小板公司榜上有名，中小板股改正式拉开序幕。

2005年7月22日，国务院召开"资本市场改革发展座谈会"，此次座谈会在股改进程中起着至关重要的作用。座谈会后不久，上海，广东等重点区域纷纷动了起来，举行动员大会，对本地区股改进行了部署。不少地区专门成立了以常务副省长、副市长为组长，众多相关部门主要领导人为成员的"股权分置改革领导小组"。

8月23日，中国证监会、国务院国资委、财政部、中国人民银行、商务部联合发布《关于上市公司股权分置改革的指导意见》。

9月4日，中国证监会发布《上市公司股权分置改革管理办法》。

9月7日，沪、深两大交易所等出台《上市公司股权分置改革业务操作指引》及《上市公司股权分置改革说明书格式指引》，上市公司股改全面推开。

9月9日，国务院国资委发布《关于上市公司股权分置改革中国有股权管理有关问题的通知》。

9月12日，股权分置改革正式进入积极稳妥推进阶段，两市40家公司同时发布了股权分置改革公告，股改战役全面打响。

随着股改的全面展开，指数在7月底触底反弹。这段时间市场情绪明显修复，入市开户资金大增，指数阶段涨幅16%，是本年度股市走势较好的一个阶段。

2005年大盘走势见下图。

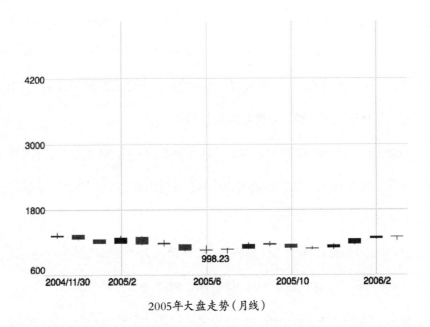

2005年大盘走势（月线）

2005年11月21日，中小企业最后一家公司黔源电力的股改方案获得通过，至此，中小板50家公司全部完成股改，成为我国证券市场上第一个与国际接轨的全流通板块。

应当说，股权分置改革试点方案对我国证券市场制度意义重大。首先，股权分置问题的解决将促进证券市场制度和上市公司治理结构的改善，有助于市场的长期健康发展；其次，可以实现证券市场真实的供求关系和定价机制，有利于改善投资环境，促使证券市场稳定，利在长远；最后，保护投资者特别是公众投资者合法权益的原则使得改革试点的成功成为可能。这将提高投资者信心，使我国证券市场摆脱目前困境，避免被边缘化。

3. 汇率形成机制的改革

2005年，除了股权分置改革外，中国金融市场的另一件大事就是人民币汇率形成机制的改革。

1997年五洲金融风暴之后，我国贸易一直保持顺差。2005年1~6月份累计贸易顺差已达396.5亿美元。影响我国出口强劲增长的主要因素有外商直接投资的不断增大，加工贸易的作用日趋发挥，低廉的劳动力成本和退税政策。同时人民币币值的低估也是出口增长的重要因素之一。

虽然出口为我国的GDP增长做出了巨大贡献，但是贸易收支长期不平衡不利于我国经济持续增长，如此引发外汇储备增长过快等。截至2005年6月底，我国外汇储备达到了7 109.73亿美元。

2005年7月21日，中国人民银行进行了一项重大的金融改革——完善人民币汇率形成机制改革。这次改革极其不易，却在情理之中。

这次改革的具体事宜包括：从2005年7月21日起，我国开始实行以市场供求为基础, 参考一篮子货币进行调节, 有管理的浮动汇率制度。人民币汇率不再盯住单一美元, 形成更富有弹性的人民币汇率机制。

中国人民银行于每个工作日闭市后公布当日银行间外汇市场美元等交易的中间价格。

2005年7月21日19：00, 美元对人民币交易价格调整为1美元兑8.11元人民币, 作为次日银行间外汇市场上外汇指定银行间交易的中间价, 外汇指定银行可自此时起调整对客户的挂牌汇价。

现阶段, 每日银行间外汇市场美元对人民币的交易价仍在中国人民银行公布的美元交易的中间价上下3‰幅度内浮动。中国人民银行将根据市场发育状况和经济金融形势, 适时调整汇率浮动区间。

中国人民银行将根据国内外经济金融形势, 以市场供求为基础, 参考一篮子货币汇率变动, 对人民币汇率进行管理调节, 维护人民币汇率的正常浮动, 保持人民币汇率在合理、均衡水平上基本稳定, 促进国际收支基本平衡, 维护好金融市场的稳定。

此次人民币汇率制度改革以后, 我国开始实行更富有弹性和灵活性的浮动汇率制度。一篮子货币是指选择与中国贸易和投资密切的若干主要货币, 对不同货币设定不同的权重, 组成一个货币篮子。

国家根据国内外经济金融形势, 以市场供求为基础, 参考一篮子货币计算人民币多边汇率指数变化, 对人民币汇率进行管理调节。外币之间的汇率变动会影响人民币汇率, 同时市场供求关系也是汇率形成的又一重要依据。

此次人民币汇率制度改革意义重大, 其内容不仅包括人民币升值, 更令人关注的是汇率形成机制的变革, 可谓是中国金融改革的又一里程碑。

虽然改革给中国带来了一些影响，但升值的幅度却在中国可以承受的范围之内。另外，改革带来的正面影响相当显著，给中国经济长期持续平稳的发展奠定了坚实的基础。

7月21日以后，人民币对美元汇率有贬有升，弹性逐渐增强。

从2005年7月汇改之后，人民币汇率便开启了长达10年的升值通道，截至2015年5月，人民币兑换美元汇率从8.3左右下降到6.1附近，升值幅度高达26%。

在人民币汇率新机制的运行下，汇率的波动弹性增强，人民币汇率本身是对中国经济的实际体现。汇率的市场化定价意味着国内资本市场和资产的全球定价，这对资本市场来说具有划时代的意义。

2.1.2 经济形势

2005年中国经济再度加速上行。全年GDP实际增速11.4%，较上年提高了1.3%，连续第四年加速上行，连续第三年保持着两位数的增长速度。

固定资产投资累计同比增速达到27.2%，较上一年小幅回落1.3%，继续保持着高速增长；工业增加值累计同比增速16.4%，较上年小幅下降0.3%，全年工业企业利润总额同比增长13%，增速较上年大幅下降43%。社会消费品零售总额名义增速12.9%，比上年小幅回落0.4%。

除了GDP进一步加速上行外，2005年宏观经济有两个特点值得注意：一是固定资产投资增速开始保持平稳，没有进一步上行，2004年的"经济过热"问题得到控制。二是通货膨胀得到了有效控制，物价增长速度被压了下来，2005年CPI基本运行在2%以内的区间，PPI单月同比增速从2004年底7.1%大幅降低到2005年底的3.2%。

2005年宏观经济和上市公司利润出现明显分化。

2005年所有A股上市公司利润结构中占比最大的是上游的资源行业，占所有上市公司利润的70%以上；而宏观经济中对GDP增速最大的是第二、三产业，而且可以看出在2005年一季度其实出现了第三产业贡献度大幅提升和第一产业贡献度大幅下降的趋势。

那么，为什么上市公司的利润走势和宏观经济环境出现背离呢？即PPI和CPI走势为何出现分化？

2005年整体的通胀环境是PPI下降，CPI在一季度冲高回落后全年走势基本持平。在这种情况下，上游行业利润的增速出现明显的下降，下游行业的利润增速出现回升。

由于2005年上市公司上游行业利润占比超过70%，是上市公司利润的组成部分，因此上游行业利润增速的变化对上市公司利润增速的影响更大，上市公司整体的利润增速受到上游行业利润下滑的影响从而表现不佳。而CPI上涨最直接的影响就是提升了下游行业的利润，也可以看到2005年上市公司上游行业的利润环比确实出现了明显的改善。

而与上市公司利润结构不同的是，经济中第三产业和第二产业对GDP增速的贡献几乎是决定性的，因此我们可以看到当CPI和PPI出现"剪刀差"（CPI基本不变，而PPI大幅下降）时，上游行业的利润被严重挤压，而下游行业，尤其是第三产业几乎不受影响，甚至还由于2005年一季度CPI大幅回升而促使利润增速大幅提升，并由此带动了整个宏观经济增速的大幅提升。

2005年A股上市公司利润较2004年大幅下滑，全部A股上市公司2005年归属母公司所有者净利润增速为-5.6%，较上年下降37%。从上一季度开始，上市公司利润增速便出现大幅下滑，而随后的三个季度业绩增速每况愈下，最后以负增长收尾。

2005年业绩增速大幅下滑的同时，2005年指数估值也有所下降。以上证综指计算，2005年全年市盈率（TTM）为18.2倍，较2004年底下降15%。

2005年指数估值的下跌集中在上半年，导致估值下跌的主要因素就是对基本面的预判。值得注意的是，虽然GDP增速大幅回升，但PPI、PMI和投资增速在上半年出现显著下降，而2005年的上市公司结构中上游资源类行业的上市公司占比高达70%以上，因此从A股业绩预期的角度看，上游行业利润下滑几乎就意味着A股整体利润下滑。

2005年估值下行其实反映了市场预期"经济过热"的政策目标不会发生转向的情况下，A股利润面临进一步下滑的判断。

2.1.3 主要事件

1. 三一重工，成为第一家股改分置改革的试点公司

三一重工一直以来对股改态度积极，同时，三一重工的股权相对集中，业绩良好，在证券市场口碑较好，而且因为是民营公司，决策程序比较简单，这些都促成了三一重工进入首批股改试点企业。

作为第一家股改分置改革的试点公司，三一重工采用了非流通股股东向流通股股东支付对价的方式。而此后这一方式成为股权分置改革的标准。

按照三一重工的方案，非流通股股东将向流通股股东支付2 100万股公司股票和4 800万元现金，如果股票部分按照每股16.95元的市价（方案公布前最后一个交易日即2005年4月29日收盘价）计算，则非流通股股东支付的流通价对价总价达到40 395万元。按照非流通股股东送股之后剩余的15 900万股计算，非流通

股为获得流通权，每股支付约2.54元的对价。

此后，紫江企业公布的方案是非流通股股东将向流通股股东支付17 899万股公司股票，相当于流通股股东每10股获送3股，以市价每股2.78元计算，流通权对价价值约49 759万元，按照非流通股股东送股后剩余的66 112.02万股计算，相当于非流通股每股支付0.75元的对价。

清华同方流通股股东每10股获转增10股，非流通股股东以放权本次转赠权利为对价换取流通股。虽然非流通股股东表面上没有付出股票或现金，但由于其在公司占有股权比例的下降，从股权稀释的角度考虑，非流通股实际支付了价值5.04亿元的净资产的股权给流通股股东。

此外，三一重工宣布，公司将在本次股权改革方案通过并实施后，再实行2004年年度利润分配方案。由于其在2004年度还有10转增5派1的利润分配权。

紫江企业的非流通股股东除了送股以外，还做出两项额外承诺：对紫江企业拥有实际控制权的紫江集团承诺，在其持有的非流通股股份获得上市流通权后的12个月期满后36个月内，通过上交所挂牌交易出售股份数量将不超过紫江企业股份总额的10%，这比证监会《关于上市公司股权分置改革试点有关问题的通知》中规定的时间又有所延长；在非流通股的出售价格方面，紫江集团承诺，在其持有的非流通股股份获得上市流通后的12个月禁售期满后的12个月内，通过上交所挂牌交易出售的股份价格不低于2005年4月29日前30个交易日收盘价的平均价格的110%，即3.08元。

这些个性化的条款是保荐机构和非流通股股东共同协商的结果，对出售股份下限的限制和非流通股分步上市期限的延长在一定程度上减缓了这部分股份流通给市场带来的压力，也反映出大股东对公司长期发展的信心。

此后，围绕着三一重工每10股补偿3股和派8元的补偿方案，市场各方进行了激烈的博弈。随后，三一重工将补偿方案修改为流通股股东每10股获取3.5股股票和8元现金，三一重工最终以93.44%赞成的比例高票通过股改方案，成为当之无愧的股改第一股。

原本和三一重工同属首批股改公司的是清华同方，提出的方案因流通股赞同率仅为61.91%，未能达到参加表决的流通股份的2/3，未能获得通过。清华同方因此成为第一家股改方案被否决的上市公司。

时隔七个月后，清华同方第二次提出股改方案——流通股股东每10股获得3.8股。2006年1月23日，清华同方第二次股改以93.6%的赞成率获得通过。

2. 汇金公司对券商注资

2005年1月5日，云南证券清算组发布公告，云南证券因为挪用客户交易资金而被责令关闭。

2005年5月27日，鉴于北方证券严重违规经营，存在着巨大的金融风险，为维护证券市场及金融港市场秩序的稳定，保护投资者合法权益，根据证券法和国家有关规定，证监会委托东方证券于5月27日收市后托管北方证券经纪业务及所属证券营业部。

2005年5月31日，中国证监会下发《行政处罚决定书》，取消亚洲证券的业务许可并责令其关闭，证监会已从2005年4月29日收市后委托华泰证券对亚洲证券经纪业务及所属证券营业部、服务部进行托管。

8月5日，武汉证券因严重违规经营被广发证券正式托管。

8月26日，甘肃证券因严重违规经营被海通证券正式托管。

证券行业已经从全行业亏损的尴尬境地进一步恶化到面临生死存亡的境

地。在这样的背景下，国家启动了拯救证券行业的行动。

2005年6月13日，央行向有关部门请示，拟定对华安证券和申银万国证券给予再贷款支持；6月16日，中央汇金投资有限公司决定对银河证券注资。

2001年以来，由于证券市场的持续低迷，券商危机急剧增加，先后有鞍山证券、大连证券、佳木斯证券、富友证券、新华证券、南方证券、德恒证券、恒信证券、中富证券、汉唐证券等券商出现严重违规和支付危机。中央银行先后向鞍山证券、新华证券和南方证券分别发放了15亿元、14.5亿元和80亿元的再贷款。由于央行的再贷款，使得这些券商的利益得到了保护，避免了兑付危机，有效地化解了可能出现的金融风险。

但2002年8月，证监会宣布撤销鞍山证券；2003年12月，新华证券也被证监会撤销；2005年4月29日，南方证券宣布关闭，央行向这三家证券公司发放的109.5亿元再贷款收回的希望渺茫。据央行金融稳定局统计，2004年央行共向各类券商提供150亿元再贷款。

相比再贷款的紧急融资性质，注资起到了事先防范的作用。中央汇金投资有限责任公司（下称中央汇金公司）成立于2003年12月16日，经国务院批准组建的国有独资投资公司，代表国家对中国银行和中国建设银行等重点金融企业行使出资人的权利和义务。

在中央汇金公司成立之初，其定位是"作为出资人，将督促其战略投资对象落实各项改革政策，完善公司治理结构，力争使股权资产获得有竞争力的资产回报和分红收益"。中央汇金公司注资国有银行，并且与银建投资一起注资银河证券都说明其在维护金融稳定局势中的重要作用。

2005年8月30日，中央汇金公司与申银万国证券公司签署备忘录，中央汇金公司将向申银万国注资25亿元，并提供15亿元的流动性支持。注资后，申银万国注册资本金将增到67亿元，中央汇金公司持股比例37.3%，成为第一大股东。

9月1日，中央汇金公司与国泰君安证券公司签署备忘录，中央汇金公司将采用市场化方式对国泰君安进行股权增资并提供流动性借款。国泰君安将向中央汇金公司定向增发10亿股股份，发行价每股定价1元人民币。增资后中央汇金公司成为国泰君安的第二大股东。

9月21日，由中信证券和中国建银投资有限责任公司（以下简称中国建投）发起设立的中信建投证券有限公司在京召开创立大会暨首届股东会，中信建设证券的创立，是对国务院批准的华夏证券重组方案的落实。原华夏证券的全部证券业务及相关资产被中信建设证券有限公司受让。

9月28日，中国建银投资证券有限公司在深圳举行开业庆典，公司注册资本为15亿元。是中国建银投资证券有限公司通过竞拍购买南方证券的相关证券类资产，并以此为基础设立的一家全新证券公司。南方证券获得新生。

9月29日，中国证券投资者保护基金有限公司正式挂牌成立。保护基金来源于沪深交易所在风险基金达规上限后20%的交易经手费、券商缴款、申购新股冻结资金利息、捐赠等方面。其初始规模包括财政部专户存储历年冻结资金利差余额63亿元，以及央行专项再贷款600亿元。

至此，国内证券行业基本脱离危险区，全行业逐渐回到休养生息阶段。

3. 权证交易再次登场

2005年，A股市场除股权分置改革外，股票市场的重要变革就是权证再次登场。

权证是具有买权或卖权的有价证券，为市场提供了新的避险工具和投资工具。由于权证具有期权性质，同时具有高财务杠杆的特点，因此投资者既可以进行风险管理，也可以通过杠杆作用增加新的盈利模式。

7月18日，沪深交易所分别推动了经中国证监会核准通过的《权证管理暂行办法》。这表明权证产品即将重返中国证券市场。

8月18日，上海交易所发布《关于宝钢权证上市交易有关事项的通知》，并于次日和中国证券登记结算有限公司联合发出通知，对权证的交易资格和结算资格管理作出了规定。8月22日宝钢认购权证挂牌交易，阔别九年的权证复返股市，T+0交易及炒新情结引得众多热钱涌入。

11月22日，上海证券交易所发布《关于证券公司创设武钢权证有关事项的通知》，该通知明确说明，取得中国证券业创新活动试点资格的证券公司可作为"创设人"，按照通知的相关规定创设权证。至此，市场议论已久的权证产品的创设机制得以建立。

2005年12月6日，权证成交突破百亿大关，首超A股总和，仅有的6只权证品种竟然创下了101.2亿元的成交量，创下了权证市场单日成交金额的最高纪录。

作为金融衍生品市场的敲门砖，权证的登场对于中国证券市场的各个层面都将产生积极而深远的影响。

市场对权证的推出持欢迎及乐观态度，媒体普遍认为：权证的推出有利于完善证券市场结构和功能。成熟的证券市场产品既有基础性产品，如股票、债券，又有结构性产品，如LOF、ETF等，还要有衍生产品，如股指期权、股指期货等。

中国证券市场缺乏金融衍生产品，事实上是一个单边市场，不利于满足投资者多样化的投资需求，不利于提高资本市场效率，优化资源配置。权证的推出，为创造新的金融衍生品市场、提供多样化投资工具、促进价格发现和资源配置提供了契机。

权证的推出，为投资者提供了有效的风险管理工具和资产组合调整手段，极大地丰富了市场投资品种。

权证的推出，为上市公司提供了新的融资方式。在融资中，将权证与股票或债券同时发行，可以增加股票或债券的吸引力，提高投资者认购的积极性，便于上市公司筹资。

同时，在融资中引入认股权证后，上市公司业绩如果出现下滑，就有可能导致大量权证不被执行，发行人将募集不到计划的资金规模，因此恶意圈钱的可能性被降低。另外，权证可以逐步行权，有利于发行人灵活地安排融资时间，避免一次性募资导致资金闲置。

2.2 2006年，涨幅超过130%的大牛市

2006年是A股市场发生转折的突破之年，在股改、汇改奠定的基本制度支撑下，上市公司质量全面提升，主营业务收入与净利润等指标均创下有史以来的最高水平。

与此同时，在低利率的市场环境下，货币的流动性十分充足，M1、M2高增长，人民币升值，国际热钱持续流入。充裕的流动性推动资产价格持续上涨，因此，2006年房地产市场、债券市场、股票市场都处于价格较为坚挺的状态。

在基本面和流动性的有力支撑下, 沪深股指连创历史新高, 在2006年里, 上证综合指数从2005年12月30日的1161点上升到2006年12月29日的2675点, 总共升幅1514点, 幅度为+130.4%。就2006年行情的市场本身而言, 可谓是牛市行情气势如虹。

2006年A股大幅上涨行情见下图。

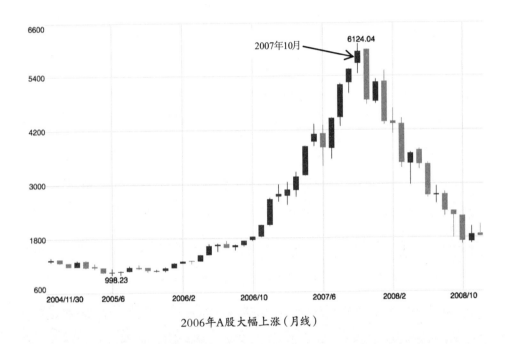

2006年A股大幅上涨（月线）

如果说A股从2001年下半年进入熊市调整的话, 那么在2006年的一年时间内, 市场就以士气如虹的气势反复冲关夺隘, 一年的牛市完全收复四年半时间的熊市失地, 这无疑是让很多投资者欢欣鼓舞。

在这一年时间内, 很多股票的表现都非常出色, 股价翻倍的个股比比皆是, 而一批个股的年内涨幅甚至是两倍或者三倍, 牛市行情营造出明显的赚钱效应。

2.2.1 重大政策

2006年货币政策已经开始了持续收紧的势头，中国人民银行在2006年里针对经济中出现的投资增长过快、信贷投放过多、贸易顺差过大及环境、资源压力加大等问题，采取了诸多措施。

全年累计发行央行票据3.65万亿元，同比多发行8 600亿元，同时引导央行票据发行利率稳步上行，全年1年期央行票据发行利率上升90个基点，进而影响货币市场利率逐步回升。

分三次上调金融机构存款准备金利率共1.5个百分点。2006年8月15日、2006年8月15日、2006年11月15日分别提高存款准备金率0.5个百分点，截至2006年底，大型存款类金融机构存款准备金率达到9.0%。

两次上调金融机构存款基准利率。第一次是4月28日起上调金融机构贷款基准利率。其中，金融机构一年期贷款基准利率上调0.27个百分点，由5.58%提高到5.85%。第二次是8月19日起上调金融机构人民币存贷款基准利率。其中，金融机构一年期贷款基准利率上调0.27个百分点，由5.85%提高到6.12%。

虽然2006年货币政策不断收紧，前后两次加息和三次提高存款准备金率，但是由于2006年通货膨胀始终维持在一个相对较低的位置，且比2005年还有所下降，所以我们看到市场的长期利率（十年期国债收益率）在2006年始终保持在3.1%左右的低位，这对股票市场来说是一个重大的利好。

2.2.2 经济形势

2006年中国经济继续保持着非常良好的运行状态。

全年GDP实际增速12.7%，较上年提高1.3%，自2002年以来连续第五年加速上行，连续第四年保持两位数的增长速度。

固定资产投资累计同比增速达到24.3%，较上年小幅回落2.9%，继续保持着很高的增长速度。

工业增加值累计同比增速16.6%，较上年小幅上升0.2%，全年工业企业利润总额同比增长32%，增速较上年大幅上升18%。

社会品消费零售总额名义同比增长13.7%，增速比上年提高0.8%。

2006年的中国经济运行状态可以说是十分理想，"高增长、低通胀"的美好预期实现，经济加速上行，政府和市场普遍担心的"固定资产投资反弹压力"没有出现，通货膨胀低位运行且有所回落，全年CPI累计同比增速仅1.5%，比2005年还要下降0.3%，全年PPI累计同比增速3.0%，比上一年下降1.9%。

企业经济效益情况也非常好，工业企业和上市公司利润增速均大幅回升，没有出现2005年时"宏观好、微观差"的问题。

2006年全部A股上市公司归属母公司所有者净利润增速达55%，较上一年大幅增长61%。主板利润增速56%，较上一年上升62%，中小板增速24%，较上一年小幅增长2%。

2006年A股上市公司利润增速较上一年大幅改善，尤其是主板，实现了由负增速到超高利润增速的巨大飞跃。相比之下，中小板利润增速改善不大，主板增速远超中小板。

2006年A股估值全年基本处于上升通道，以上证综指计算，从年初的18.2倍（TTM），涨幅高达101%。

2006年估值上行的主要原因有以下几点：

（1）上市公司业绩的大幅改善和持续增长，从累计增速看，四季度较一季度上市公司业绩累计增速提升了近70%；

（2）较低的利率水平。虽然2006年货币政策在不断收紧，前后两次加息和三次提高存款准备金率，但通货膨胀始终维持在一个相对较低的位置，长端利率也始终没有起来。因此，高增长、低通胀完美的基本面则是支持全年估值上行的最主要因素。

2.2.3 主要事件

1. 股权分置改革基本完成

在2006年的证券市场中，股权分置改革无疑是市场关注的一个焦点，在2006年中，绝大多数公司都陆续完成了股改运作，其中包括以中国石化为代表的大型蓝筹股，也包括一批ST个股，股改运作的基本完成具有积极意义：首先使得证券市场摆脱了股权割裂的束缚，能够更加健康发展。其次在股改运作中，绝大多数公司的股改都给流通股股东提供了一定的对价收益，股改行情成为股市上涨的重要推动力。最后股改运作基本完成后，我国证券市场进入全流通时代，股市也步入更为良性的发展轨道。

2. 证券市场大扩容

股改进程过半之后，股市开始重启IPO。中小板和主板市场都开始加速发行新股。工商银行的A+H发行更是创出了全球新股发行募集资金的新高，证券市场大扩容也具有非常明显的积极意义：首先是提高了市场的承受能力。其次是股市进入大蓝筹时代，提高了投资者参与的积极性。大型蓝筹股的登陆也为机构资金提供了更为丰富的投资对象，而大型蓝筹股也将成为稳定市场重心并推动行情强势发展的定海神针。

2.3　2007年，10月16日定格最高点6124点

2007年，A股市场爆发最大规模的一次大牛市，股权分置改革释放大幅红利，以基金为代表的金融资本第一次登台与产业资本博弈。

2007年开年伊始，上证综指在开门红后持续上涨，1月15日，沪深股市总市值冲上10万亿大关，并创出10.44万亿新高，这一数字约占我国GDP的52%。当日，中国人民银行决定上调存款类金融机构人民币存款准备金利率0.5个百分点。至此，存款准备金利率已达9.5%。

2月开始，指数在大盘股强势上涨的带动下持续上攻。虽然在2006年最后一个交易日央行宣布从2月25日起提高存款类金融机构人民币存款准备金率0.5个百分点，但农历新年后第一个交易日2月26日A股仍然小幅上涨。

然而第二个交易日，A股便遭遇了"黑色星期二"。上证综指单日跌幅高达8.8%。这次下跌主要是由于日元利差交易平仓问题引起的。2月28日A股开始企跌止稳，重回上升通道。

3月5日，政府工作报告提出2007年要大力发展资本市场，借此东风股市再次上行。

从年初到5月末指数涨幅高达57%，虽然其间五次提高存款准备金利率、两次加息，却依然没有对股市单边市场上行行情趋势有丝毫动摇。

5月30日，上证指数大幅下跌281.81点，跌幅6.5%，被称为"股市5·30"暴跌的主要原因是财政部将印花税率由1‰提高到了3‰。

6月4日，三大证券报早间齐发评论，认为管理层调整印花税并非打击股市，牛市的基本面并不会随着阶段性市场调整而改变；同时，沪深交易所发表声明

称，沪市已公告股价异常波动的264只个股6月4日不停牌，深市亦不会出现大面积停牌。但由于出现蓝筹股恐慌性抛盘，沪深股市再度大幅下跌，上证指数下跌8%以上，跌幅甚至超过"5·30"。

6月4日过后，股市开始小幅反弹，然而在6月20日，上交所对《上市公司临时报告系列格式》中关于股票交易异常波动公告、澄清公告等9种公告格式进行修订，以规范上市公司股票交易异常波动的信息披露，股市再度下跌，直到7月2日才企稳回升。

从5月底到6月底短短一个月时间，沪指下跌10%，随后开始了下半年的第二轮牛市行情。

7月开始，股市出现强劲反弹，虽然监管层接连提准并且降低储蓄利率，都依然没有阻挡股市上涨的动力。7月30日，国务院决定8月15日起将存款利息所得税适用税率由现行的20%调减为5%。

7月21日，中国人民银行决定上调金融机构人民币存贷款基准利率。7月30日中国人民银行决定上调金融机构人民币贷款基准利率。

7月30日，中国人民银行再度上调存款类金融机构人民币存款准备金利率，这是2007年以来第6次提高存款准备金率。

8月21日，央行宣布年内第四次加息。虽然利空不断，但股市依然强劲上行，8月23日，沪指突破5000点。

进入9月份，A股依然不断刷新点位纪录，仅在9月7日，中国证监会通过中国建设银行90亿股IPO和9月11日公布8月份CPI（8月份CPI同比上涨6.5%，创下10年高点），股指当日有回调。

9月25日，央行宣布再次上调存款准备金率0.5个百分点，市场完全不理会，不断冲高。

　　2007年是一个超级大牛市，指数和个股赚钱效应更加明显。上证综指全年上涨97%，个股的平均涨幅要比指数更大，全部个股收益率算数平均值是203%，全部个股收益率中位数176%。

　　全部个股在2007年都是上涨的，这种行情特征在A股历史上是绝无仅有的，有97%的个股涨幅超过50%。从这个角度看，2007年的市场基本上是一个完完全全的普涨行情，这种情况下，板块或者个股之间的差异反而缩小了。

　　2007年大盘走势见下图。

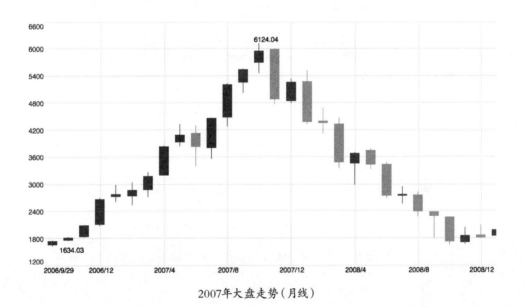

2007年大盘走势（月线）

第3章

2007年10月至2008年10月，快速下跌的熊市

在2007年大牛市行情的末期，基金暂停发行、大小非减持、美国次贷危机等导致了行情的逆转，A股进入了快速下跌的熊市，跨度为2007年10月至2008年10月，沪指波动区间为6124.04点～1664.93点，跌幅达73%。

3.1　2007年（10月—12月31日），熊市启动

2007年前三季度通胀节节攀升，货币政策和财政政策持续收紧却依然没有抑制股市大幅上涨，监管层开始将调控重心逐渐转移到抑制经济过热。从10月16日开始，A股开启了一轮回调周期。

沪指从10月中旬开始回调直至11月底，指数下跌幅度高达21%。

然而从12月开始，悲观情绪又开始消散，指数以震荡上涨8%的年末行情结束了2007年的大牛市。

3.1.1　重大政策

1. 货币政策从"稳健"转为"从紧"

2007年，针对银行体系流动性偏多，货币信贷扩张压力较大，价格涨幅上升的形势，中国人民银行的货币政策从"稳健"转为"从紧"。

（1）加大中央银行票据发行力度。2007年中国人民银行累计发行中央银行票据4.07万亿元。年末中央银行票据余额为3.49万亿元，比年初增加4 600亿元。

（2）2007年先后十次上调金融机构人民币存款准备金率共5.5个百分点。除3月和7月外，2007年基本每月都有上调存款准备金率。截至2007年底，我国大型存款类金融机构准备金率达到了14.5%。

（3）先后六次上调金融机构人民币存贷款基准利率。一年期存款基准利率从年初的2.52%上调至年末的4.14%，一年期贷款利率从年初的6.12%上调至年末的7.47%，12月在上调存贷款利率的同时，较大幅度地上调一年以内的定期存款利率，三个月期存款利率上调0.45%，六个月存款利率上调0.36%。

（4）2007年12月的中央经济工作会议提出了从紧的货币政策，取代了实施了

十年之久的稳健的货币政策。在经济持续加速上行之后，在通货膨胀已经蓄势待发之际，货币政策从"稳健"转为"从紧"，发出了货币政策收紧的强烈信号。

2. 大小非减持

"小非"是指持股量在5%以下的非流通股东所持股份。与"小非"相对应，"大非"则是指持股量在5%以上非流通股东所持股份。

中国证监会2005年9月4日颁布《上市公司股权分置改革管理办法》，规定改革后公司原非流通股股份的出售，自改革方案实施之日起，在十二个月内不得上市交易或者转让；持有上市公司股份总数百分之五以上的原非流通股股东，在前项规定期满后，通过证券交易所挂牌交易出售原非流通股股份，出售数量占该公司股份总数的比例在十二个月内不得超过百分之五，在二十四个月内不得超过百分之十。

这意味着持股在5%以下的非流通股份在股改方案实施后12个月即可上市流通。

持有上市公司股份总数5%以下的原非流通股股东，可以无须公告的限制而套现，广大投资者无从得知具体情况。所以，限售股持股比例偏低、股东分散、有较多无话语权"小非"的上市公司是值得重点警惕的对象。

《上市公司国有股转让暂行管理办法》（以下简称《管理办法》）的推出，旨在规范股权分置改革后国有股的减持行为。

《管理办法》的基本原则是充分尊重国有股股东的经营自主权，一定比例和数量范围内的国有股交易将由国有股东自主决定；国有股转让原则上必须通过证券交易所公开转让；转让价格的确定，要充分利用股票市场的价格发现机制。

《管理办法》的核心内容是对国有企业的股权转让给予一定的自主空间，可在一定条件下由企业自主决定，而不再需要国资监管部门的严格审批。

根据《管理办法》，涉及国有控股公司，只要转让后不丧失国有控股权，对于总股本在 10 亿股以下的公司，企业减持的自主权限是"连续三年内减持股份不超过总股本的 5%"。

总股本在 10 亿股以上的公司，企业减持的自主权限则为"一次减持不超过 5 000 万股，且三年内减持股份不超过 3%"。

此外，国有参股公司的国有股权转让略宽于此，由连续三年调整为一年。也就是说，只有超出上述条件的国有股减持才需上报国资部门审批。

在股改之前，上市公司国有股不能在二级市场流通，其变更、流转主要发生在法人股股东之间，转让方式基本上是场外协议转让；定价方面，基本遵循不得低于净资产的原则；在管理方式上，凡涉及上市公司国有股性质变化的，都要报国资委或地方国资委批准。

《管理办法》的出台，为所谓"大非""小非"的减持确立了明确的规则。

从理论上讲，限售股上市流通意味着将有大量持股的人可能要抛售股票，空方力量增加，原来持有的股票可能会贬值。

市场普遍认为，解禁潮是否会影响股市关键要看市场的总体趋势，一旦股指上涨过快，再加上周边市场经济走势并不乐观，大小非解禁的负面影响会被放大。

尽管"大小非"经历了股改送股的成本付出，但其购入成本仍然极低，即便按照大幅下跌后的市价套现，依旧能获得高额利润。因此，市场很难准确估量解禁后的套利冲动。

对个股而言，获得流通权既可能带来投资机会，又可能带来回调风险，投资者应区别对待。在市场总体趋势向好时，若公司基本面较优秀，则限售股很可能带来投资机会。这是因为在限售股解禁前期，因为投资者的心理压力，股价往往会出现调整。

而一旦解禁之后，优质的基本面容易吸引更多的资金关注，股价可能被推高；若市场总体运行趋势偏淡，且公司基本面乏善可陈，则限售股解禁很可能带来显著回调风险。

从2007年12月起，大小非陆续到了解禁期。

深圳证券交易所（下称"深交所"）最近发布的一份统计报告显示，自第一笔解除限售以来的不到2年时间里，深市主板超过四成的解除限售股份已被减持，累计成交额超过1 000亿元。

2006年8月第一笔解除限售至2008年4月24日，深市主板解除限售股份共计193.86亿股，减持82.66亿股，占解除限售总额的42.64%，累计成交金额1 006.37亿元。截至2008年4月，深市共有335家上市公司的股份解除限售，在二级市场出售股份的上市公司，占解限上市公司的87.16%。其中，持股5%以上的股东出售20.7亿股，占总减持额的25%。从时间分布看，"大小非"股东减持主要在2007年，共减持67.78亿股，占总减持额的82%。

深交所对主板的分析发现，作为产业投资人的"大非"倾向于持有股份，而作为财务投资人的"小非"以股权投资盈利为目的，基本上不打算长期持有，是减持的主要力量。超过60%的上市公司的"小非"减持数量达到解限比例的50%以上，有39家上市公司的"小非"已将解除限售股份全部售出。

从月度来看，减持股数最高的2007年4月共计减持13.32亿股，当月也是深证综指涨幅最大的一个月，上涨33.63%；减持股数占市场总成交比例最高的是2007年12月，占总成交量的1.184%，而当月深证综指上涨17.04%。平均而言，每月减持股份总量占交易总量的比例为0.538%。

3.1.2　经济形势

2007年中国经济继续上行，各项指标全面高于上一年，全年GDP实际增速14.2%，较上一年提高1.5%，自2002年以来连续第六年加速上行，连续第五年保持两位数的增长速度。

固定投资累计同比增长达到25.8%，较上一年小幅上升1.5%，继续保持很高的增长速度；从2003年到2007年固定投资连续五年20%以上。

工业增加值累计同比增速18.5%，较上年上升1.9%，全年工业企业利润总额同比增长达到39.2%，增速较上一年大幅上升7.4%，社会消费品零售总额名义同比增速16.8%，增速比上一年提高3.1%。

2007年宏观经济的一个突出变化就是通货膨胀开始加速上行。2007年CPI累计同比增长4.8%，比上年提高3.3%，而且趋势呈现加速上扬的态势。到12月CPI单月的同比增速已经达到6.5%，其中CPI中食品价格全年累计同比更是达到12.3%。PPI价格也出现了前期涨势相对平稳，但后期涨幅明显扩大的态势，9月份单月PPI同比仅有2.7%，但到了12月份PPI同比增速就上升到了5.4%。

2007年A股上市公司利润增速在上年高增速的基础上仍有小幅提升，其中中小板利润增速虽大幅提升，但整体仍然低于主板。2007年全部A股上市公司归属母公司所有者净利润增速64%，较上一年上升9%。其中主板利润增速64%，较上一年上升8%，中小板增速46%，较上一年大幅提升22%。

2007年上市公司整体利润增速较上年小幅提升，但从分季度的数据上看，利润增速在一季度基本达到峰值，随后便开始缓慢下降。即便如此，2007年仍是近20年中国经济增速的一个顶点，但在下半年出现了经济过热的问题。因此，即使在货币政策持续收紧，长端利率不断走高的情况下，A股估值依然从年初的36.8

倍（TTM）上升到了47.2倍，涨幅高达28%。

　　基本面的坚挺导致估值在利率不断走高的情况下依然飙升，但其实在三季度开始估值已经处于高位盘旋的状态，10月份开始有所下行。这其中也有两方面的原因：一方面是上市公司利润增速环比出现下滑；另一方面是国债收益率已经到了历史90分位数的水平，估值在2007年末的下行也反映了市场对从紧的货币政策取代稳健的货币政策的预期。

3.1.3　主要事件

1. 基金带动蓝筹起舞

　　"5·30"大跌终结了绝大部分个人投资者过度膨胀的自信心。与此同时，在拆分、大比例分红等迎合市场基民的基金销售策略下，基金行业继续发展壮大，截至2007年6月末，国内基金总资产管理规模已经达到1.58万亿元人民币，其中，投资股票总市值达到1.3万亿元，占A股市场流通市值的25%。这一比例与2006年二季度时不足15%相比，有了较大幅度的提升。加之近两个月市场上涨超过40%，基金的资产规模已经突破2.5万亿，向3万亿逼近。

　　基金股票主要锁定在蓝筹股，其对指数的影响程度更为明显。基金在进一步巩固其市场主力地位的同时，"一基独大"局面也促使市场进入基金博弈时代，相对于公募基金来说，其他投资主体包括私募基金甚至QFII的话语权在逐步减弱，A股市场正由群雄逐鹿转向"一基独大"。

　　证监会在2007年5月发布了《关于切实加强基金投资风险管理及有关问题的通知》，其中要求基金公司不得为追求基金净值排名或短期收益，进行不合理的资产配置。同时要求基金公司应当高度重视基金投资的流动性风险，关注投资组合中单一证券与行业集中度, 对市场交易状况和投资者行为相关联的流动性风险要加强评估与监测, 提高投资组合流动性压力测试的频率。这无疑表明了那些由于基金过分集中持仓而丧失流动性的基金重仓股的风险是不能忽视的。

2. 美国的次贷危机

美国次贷危机也称次级房贷危机, 也译为次债危机, 它是指一场发生在美国, 因次级抵押贷款机构破产、投资基金被迫关闭、股市剧烈震荡引起的金融风暴。它致使全球主要金融市场出现流动性不足危机。美国"次贷危机"是从2006年春季开始逐步显现的, 2007年8月开始席卷美国、欧盟和日本等世界主要金融市场。

美国次贷危机对中国经济造成严重影响, 其影响主要表现在以下三个方面:

(1) 次贷危机主要影响中国的出口。次贷危机引起美国经济及全球经济增长的放缓, 对中国经济的影响不容忽视, 其中最主要是对出口的影响。2007年, 由于美国和欧洲的进口需求疲软, 我国月度出口增长率从2007年2月的51.6%下降至12月的21.7%。

(2) 美国次贷危机造成我国出口下降, 一方面将引起我国经济增长在一定程度上的放缓, 同时由于我国经济增长放缓, 社会对劳动力的需求小于劳动力的供给, 将使整个社会的就业压力增加。

我国将面临经济增长趋缓和严峻就业形势的双重压力。

实体经济尤其是工业面临巨大压力。

(3) 次贷危机将加大中国的汇率风险和资本市场风险。为应对次贷危机造成的负面影响, 美国采取宽松的货币政策和弱势美元的汇率政策。美元大幅贬值给中国带来了巨大的汇率风险。在发达国家经济放缓、中国经济持续增长、美元持续贬值和人民币升值预期不变的情况下，国际资本加速流向我国寻找避风港，将加剧中国资本市场的风险。

3.2 2008年1月至10月，惨烈的下跌

2008年是全球资本市场动荡不安的一年，美国次贷危机蔓延全球引发金融海啸，全球经济急转直下，全球73个股市中，2008年全年仅加纳和突尼斯股市上涨，其余股市皆为下跌，平均跌幅高达46%。

我国经济也经历了从通胀到通缩的急剧变化，可以说2008年从基本面到政策面，都经历了"过山车"式的变化。

上证综指从1月14日触及年内最高点5522点后持续下行，以1821点收尾，跌幅65%，居于全球跌幅第13位。

承接2007年的牛市行情和奥运年的期盼，2008年A股实现了开门红，直至1月14日，A股开年半个月上涨4%。然而，当日触及的5522点竟然成为2008年股市的最高点，随后股指下跌，走出全年单边下行的行情。

2008年上证综指从6000多点跌回到1000多点，下跌行情十分惨烈，全年行情特征如下：

（1）指数和个股全部大幅下跌，且跌幅巨大，上证综指全年下跌65%、全部个股收益率算数平均值是-58%、全部个股收益率中位数-62%。

（2）市场普跌，基本上是无股不跌，1 337个上市公司中2008年只有17家上涨。近80%个股跌幅超过50%。

（3）业绩增速和估值双双下滑。全年全部A股归属所有者净利润增速

为−16%，出现负增长。估值下降幅度更大，上证综指全年估值下跌65%，PE(TTM)下跌71%。

3.2.1 重大政策

股改权证退出历史舞台。

6月20日，深发认购权证结束交易，标志着股改权证全面退出历史舞台。

权证作为调节市场的工具，推出的目的是保护普通投资者的利益，权证还为投资者提供了极佳的交易规则：T+0交易。

但是权证推出后，不但没成为调节市场的工具，反而成为被炒作的对象。

2007年6月的首个交易日，17只可交易的权证平均每只成交80.7亿元，这超过了当日沪市所有股票、基金的成交额，令人惊讶。

根据权证的交易规则，权证到期日如果不能行权，最终价值会归零。即便在行权日当天，还有投资者高位接盘价值即将归零的权证，大多数散户甚至不知道自己买的是权证，只当作股票来炒。

权证在2005年8月推出，2008年6月退出。从诞生到谢幕，股改权证见证了大盘从900多点上涨至6100多点，又回落至2800点。

3.2.2 主要事件

1. 次贷危机加剧

进入2008年，次贷危机进一步加剧。

2007年9月—2008年4月，美联储连续7次降息，将基准利率5.25%大幅消减至2%。除此之外，美联储还宣布降低直接面向商业贷款的贴现率，并通过向投资银行开放贴现窗口、拍卖贷款等方式，持续向市场投放资金。

尽管如此，次贷危机仍开始向美国经济基本面扩散；失业上升、消费下降。2007年四季度美国经济下降0.2%，为2001年三季度以来最糟糕的表现。

在第一个高危期中，美国第五大投资银行贝尔斯登陷入困境，最终被摩根大通银行收购。2008年3月14日，美联储宣布，对陷入困境的贝尔斯登提供紧急贷款。但贝尔斯登最终没能"活"下去。两天后，在美联储的极力撮合下，贝尔斯登以每股2美元的价格将自己卖给了摩根大通银行。美联储为这笔并购提供了大约300亿美元的担保。

进入2008年7月，美国金融市场再度紧张起来，投资者开始担心美国住房抵押贷款市场巨头房利美和房第美可能陷入困境。

"两房"是私有企业，但又作为"政府授权企业"享有各种优惠。次贷危机爆发后。有政府担保背景的"两房"地位更加突出。此前，为谋求更大的市场，"两房"大举扩张，发放了具有更高风险的贷款种类，这导致其亏损不断扩大并形成影响全球金融市场的危机。在过去的一年中，"两房"亏损达到140亿美元。

2008年9月7日，美国政府再度出手，出资2 000亿美元接管"两房"。

接下来的时间，美国第四大投资银行雷曼兄弟站到了次贷危机的风口浪尖。

9月11日，雷曼兄弟股价下跌超过40%，收盘时美股达到了4.22美元；在当周的周一，其股价为17.62美元，而在2008年初的股价到达66美元。在许多华尔街人士看来，这家拥有158年悠久历史的公司已经接近倒闭。

雷曼兄弟的规模四五倍于贝尔斯登，许多金融界人士认为，这是一家在效率和管理方面接近高盛的公司。同时，雷曼兄弟在许多市场上扮演着重要的角色，雷曼兄弟的前途关系到这些市场的安危。

例如，雷曼兄弟是美国抵押贷款市场的最大承销商。当时在商场上交易的此类证券多为雷曼兄弟发行，如果雷曼兄弟突然倒闭，将会给抵押贷款市场带来巨大的冲击。

到了9月12日，雷曼兄弟已经岌岌可危，由于美国华尔街的金融巨头都遭受了重大的损失，不愿意提供资金援助。美国财政部长保尔森希望美洲银行能够并购雷曼兄弟，但这个计划遭到失败，保尔森又转向英国的巴克莱银行。

英国的财政部提出他们只能在私人资本或美国财政担保的情况下，才支持巴克莱银行的竞投，他们警告巴克莱银行，它正在进行无法消化的交易。

最终，巴克莱银行得知美国政府拒绝提供担保后决定退出拯救雷曼兄弟的行动。

2008年9月15日，雷曼兄弟申请破产保护。

雷曼兄弟的破产也"创造了历史"，成为美国有史以来规模最大的破产申请案例。在雷曼兄弟破产几天以后，美国的金融市场立刻陷入一种可怕的无序状态。贷款和相关活动被冻结，美国最大的金融保险公司AIG被迫拿出几十亿美元的储存现金作为抵押。为了避免重蹈雷曼兄弟的覆辙，他们的老对手美林证券主动投到美国银行账下。为了挽救更多的金融企业，美联储大开绿灯，高盛公司和摩根士丹利在那段时间里成功收购多家公司。

2. 打击基金从业人员非法牟利行为

为了维护基金业的健康发展，中国证监会从2008年开始，要求公司建立健全投资管理人员利益冲突相关制度，加强对投资管理人员可能导致利益冲突行为的管理；要求公司建立健全通信管理制度，确保在工作时间对投资管理人员各类通信工具实施有效监控；对于公司因疏于管理导致投资管理人员违法买卖股票或者违法建议他人买卖股票的，将对公司采取相应的行政监管举措，对基金从业人员利用职务之便非法牟利行为进行严厉打击。

2008年，证监会对唐建、王黎敏两个基金经理开出罚单，这是证监会对基金"老鼠仓"开出的处罚第一单。

中国证监会2008年4月21日对查处的基金管理公司从业人员唐建、王黎敏违反证券法律法规案作出处理决定，依法取消唐建、王黎敏的基金从业资格，没收其违法所得并各处罚款50万元。此外，对唐建实施终身市场禁入，对王黎敏实施7年市场禁入。由于刑法还没有针对相关行为的规定，对两位基金经理没有进行刑事责任追究。

此事件显示了管理层整肃内幕交易的决心。严厉惩罚当事人，有助于厘清市场风气，维护交易公平，保护投资者权益，其警示的意义远大于处罚本身。

第4章

2008年10月至2009年8月，短暂的牛市

伴随着投资和十大产业振兴计划，一轮新的牛市应运而

生，时间跨度为2008年10月至2009年8月4日，沪指波动区间为

1664.93点~3478.01点。

4.1 2008年10月28日，2008年底促生的牛市

2008年11月过后，财政政策频频放出，A股随后止跌企稳。

11月5日，出台十项措施刺激经济，A股开始反弹。

11月10日，经济刺激计划正式推出，沪指大涨7.3%。

11月12日，国务院常务会议出台扩大内需、促进增长的四项措施。

11月27日，央行大降利率1.08%，同时下调准备金率，这是9月份以来第四次降息。

11月28日，中央召开会议，提出要把保持经济较快增长作为下一年经济工作的首要目标。

12月4日，国务院金融国九条出台，提及稳定股票市场。

12月13日，国务院金融三十条出台，提及采取有效措施，稳定股票市场运作。

12月15日，国务院办公厅就金融促进经济发展提出30条意见，以高于GDP增长与物价上涨之和3~4个百分点的增长幅度作为2009年货币供应总量目标。

12月23日，央行再次降息0.27%，面对年内第五次降息市场不涨反跌，利好效应减退。

11月初至年底，A股小幅上涨3.4%，总算是结束了2008年持续下跌的行情。

4.1.1 重大政策

1. 金融政策

2008年下半年以后，随着国际金融动荡加剧，为保证银行体系流动性充分供应，中国人民银行分别于9月25日、10月15日、12月5日和12月25日四次下调金融机构人民币存款准备金率。其中，大型存款类金融机构累计下调2%，中小型存

款类金融机构累计下调4%。

此外，9月以后，中国人民银行先后五次下调金融机构存贷款基准利率。其中，1年期存款基准利率由4.14%下调至2.25%，累计下调1.89%；1年期贷款基准利率由7.47%下调至5.31%，累计下调2.16%。两次下调中国人民银行对金融机构的存贷款利率，其中法定准备金和超额准备金利率由1.89%和0.99%分别下调至1.62%和0.72%，再贴现利率由4.32%下调至1.80%。

上半年五次上调存款准备金利率，下半年四次下调存款准备金利率。

货币政策在年内发生如此大的转向，这种情况在金融历史上是极其罕见的，可见2008年的经济形势是风云突变、大起大落的。

2. 经济振兴计划

在全球金融风暴下，我国经济受到了相当大的冲击，尤其是外向型经济的发展受到了很大的影响。从2008年第三季度起，经济增长率出现了加速下滑的局面。

截至2008年10月，出口和进口增速虽然有所放缓，但仍然是增长的，到了11月和12月，全国进出口总值开始表现为负增长。11月全国进出口总值同比下降9%，其中：出口下降2.2%；进口下降17.9%。12月全国进出口总值同比下降11.1%，其中：出口下降2.8%；进口下降21.3%。可以看出，9月份发生的金融风暴，到11月份开始对我国的对外贸易产生了实质性的影响。

虽然在这一期间第一产业的发展形势相当好，2008年以来保持了逐季上升的局面，2008年四季度的增长率甚至达到7.2%，但由于第一产业在GDP中所占的比重较低，对整体经济增长的作用有限。三季度，第二产业增长率回落到了9.0%，在本轮经济周期中首次回落到10%以下，而到了四季度，不但第二产业增长继续下滑，达到6.1%的低点，第三产业的增长率也开始明显回落，下降到7.4%。这说明全球金融风暴对我国经济增长的冲击是相当严重的。

2008年四季度，全球经济显著下滑，这场危机来势之猛、扩散之快、影响之深，百年罕见。

为了应对这种危局，政府推出了进一步扩大内需、促进经济平稳较快增长的十项措施。

旨在促进经济增长，拟实施以下工程建设：

（1）加快建设保障性安居工程。加大对廉租住房建设支持力度，加快棚户区改造，实施游牧民定居工程，扩大农村危房改造试点。

（2）加快农村基础设施建设。加大农村沼气、饮水安全工程和农村公路建设力度，完善农村电网，加快南水北调等重大水利工程建设和病险水库除险加固，加强大型灌区节水改造，加大扶贫开发力度。

（3）加快铁路、公路和机场等重大基础设施建设。重点建设一批客运专线、煤运通道项目和西部干线铁路，完善高速公路网，安排中西部干线机场和支线机场建设，加快城市电网改造。

（4）加快医疗卫生、文化教育事业发展。加强基层医疗卫生服务体系建设，加快中西部农村初中校舍改造，推进中西部地区特殊教育学校和乡镇综合文化站建设。

（5）加强生态环境建设。加快城镇污水、垃圾处理设施建设和重点流域水污染防治，加强重点防护林和天然林资源保护工程建设，支持重点节能减排工程建设。

（6）加快自主创新和结构调整。支持高技术产业化建设和产业技术进步，支持服务业发展。

（7）加快地震灾区灾后重建各项工作。

（8）提高城乡居民收入。提高明年粮食最低收购价格,提高农资综合直补、良种补贴、农机具补贴等标准,增加农民收入。提高低收入群体等社保对象待遇水平,增加城市和农村低保补助,继续提高企业退休人员基本养老金水平和优抚对象生活补助标准。

（9）在全国所有地区、所有行业全面实施增值税转型改革,鼓励企业技术改造,减轻企业负担1 200亿元。

（10）加大金融对经济增长的支持力度。取消对商业银行的信贷规模限制,合理扩大信贷规模,加大对重点工程、"三农"、中小企业和技术改造、兼并重组的信贷支持,有针对性地培育和巩固消费信贷增长点。

4.1.2 经济形势

2008年全年中国GDP实际增速9.7%,较上年下降4.5%,结束了过去五年10%以上的两位数增长,但依然保持着非常高的增速水平;固定资产投资累计同比增速达到26.6%较上年小幅增长0.8%,继续保持很高的增长,从2003年到2008年固定投资连续六年在20%以上;工业增加值累计同比增速12.9%较上年下降5.6%,全年工业企业利润总额同比增长12.5%,增速较上年大幅下降26.7%。社会消费品零售总额同比增速22.7%,增速较上年提高6.0%。

年初的时候,中国经济还在尽力防止经济过热和通货膨胀,进入9月份以后,国际金融危机急剧恶化,对我国经济的冲击显著增大,各项经济指标出现了急转直下。

全球经济从2007年四季度起出现增速放缓的迹象,但并不是特别明显,2008年上半年增速进一步放缓,到2008年三季度和四季度,经济增速出现了加速下滑趋势，四季度美国、欧元区、日本等主要全球经济体进入经济衰退，GDP增速出现负增长。

中国经济在此种形势下也很难独善其身，出口增速在四季度出现了"坠崖式"下跌，2008年10月份我国出口增速还是19%，到了11月份出口增速跌到-2.2%，一个月的时间里出口增速就从快速增长变为负增长。2008年12月份是-2.9%。

与此同时，价格指数也出现惊人的回落，工业品出厂价格指数——PPI，2008年8月同比增速是10.1%创下十几年历史新高，9月份PPI增速同比增长9.1%依然很高，到了10月份，PPI同比回落至6.6%，11月份跌至2.0%，12月份增速变为负增长的-1.1%。PPI同比增速从历史新高到通货紧缩仅用了3个月的时间。

2008年A股上市公司利润增速全面下滑，除中小板外所有板块利润增速全部负增长。2008年A股上市公司归属母公司所有者净利润增速-16%，较上一年大幅下降80%。主板利润增速-16%，较上一年大幅下降80%，中小板增速2%，较上一年下降44%。

在业绩增速大幅下降的同时，2008年指数总体的估值水平也是大幅下降的。以上证综指计算，2008年底全年市盈率PE（TTM）在13.9倍，较2007年大幅下降70%。

2008年指数的估值虽然持续下降，但造成估值下降的原因其实在三季度后发生变化，前三季度主要是紧缩政策引起长端利率上行导致估值下跌，但三季度过后，随着金融危机愈演愈烈，各项指标极度恶化，虽然货币政策发生了大转弯，长端利率下行，但此时对于基本面的担忧则成了估值下行的主要因素。

2008年最后两个月，在政策刺激下，市场开始慢慢出现了行情，个股开始出现比较明显的赚钱效应。计划出台后，从11月8日—12月31日，1 377个上市公司仅有57个股票是下跌的，绝大多数股票都出现了比较明显的涨幅。

计划出台后，保增长的经济政策目标已经非常明确，扩大固定投资一定是必然选择。所以，从2008年11月开始，相关的行业板块开始了一轮新的上涨，2008年大盘走势见下图。

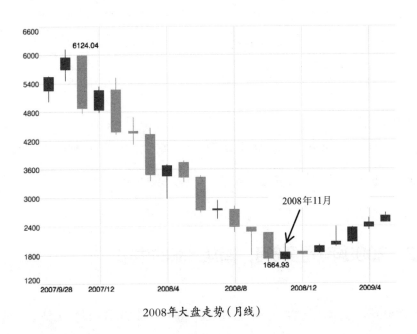

2008年大盘走势（月线）

4.1.3　主要事件

继对唐建、王黎敏开出罚单后，证监会再次开出罚单。

2008年10月23日，证监会对汪建中开出《行政处罚决定书》，没收违法所得1.25亿余元，并处等额罚款。

北京首放的法定代表人、执行董事、经理汪建中利用北京首放及其个人在投资咨询业的影响，借向社会公众推荐股票之际，通过"先行买入证券、后向公众推荐、再卖出证券"的手法操纵市场，并非法获利。2007年1月至2008年5月期间，他通过上述手法交易操作了55次，买卖38只股票或权证，累计获利超过1.25亿元。

证监会认为，汪建中在公开推荐前买入证券，在公开推荐后卖出该种证券，通过或意图通过市场波动获取不当利益，其行为本身是违法行为，通过这种违法交易行为而获取的所有利益应当被认定为违法所得。

而且北京首放发布的咨询报告，对投资者有比较广泛、重要的影响，汪建中的行为充分说明他存在利用北京首放的推荐来影响普通投资者的投资判断，进而影响所推荐证券交易价格或交易量，从中谋取不当利益的意图。既有主观故意，又有操纵行为。

2011年8月3日，汪建中涉嫌操纵证券市场案做出判决，汪建中犯操纵证券市场罪，判处有期徒刑七年，罚金人民币125 757 599.5元。

4.2　2009年1月至8月，单边上涨的牛市

2009年一开年，全球股市迎来开门红，A股市场也再次爆发。上证综指从开年至7月末一直持续上涨，指数在七个月中涨幅高达83%，是名副其实的单边行情。

4月央行在一季度信贷增速的预期井喷的情况下（3月份人民币新增信贷1.89万亿元、贷款增速达到了29.78%，M2增速高达25.51%），依然明确表示宽松的货币政策基调不变，更是给市场吃下一颗定心丸。

1月14日至2月25日，十大振兴规划相继出台，汽车、钢铁、纺织、装备制造、船舶工业、电子信息、轻工、石化、有色金属和物流十大支柱性产业获得政策重点支持。在利好的刺激下，相关行业个股走出了大幅上涨的行情。

与此同时，美联储3月18日宣布，将斥资近1.2亿美元购买由政府担保的债券，意味着美国进入量化宽松的时代。全球量化宽松时代的开启意味着热钱迅速流入，实体经济的融资成本将进一步下降。

总体而言，推动A股指数上涨的因素主要有两个，一是政策因素，特别刺激计划和十大产业振兴规划及适度宽松的货币政策。二是资金因素，国内巨额的信贷资金投放进入股市，同时在全球宽松的货币政策背景下，大量资金进入股市逐利，成为刺激我国股市上半年快速上涨的主要原因。

重大政策

1. 十大产业振兴计划出台

进入2009年，尽管A股市场出现了一定幅度的反弹，但投资者对于未来的经济前景和市场走势依旧持较为悲观的看法。虽然在2008年底出台了投资计划以刺激内需，但工业企业下滑的势头似乎尚未见底。

在这样的背景下，以降低企业负担、增加企业收入为目标的产业振兴规划应运而生。

2009年1月14日，国务院常务会议审议并原则通过汽车、钢铁产业振兴规划。强调加快汽车产业调整和振兴，必须实施积极的消费政策，稳定和扩大汽车消费需求，以结构调整为主线，推进企业联合重组，以新能源汽车为突破口，加强自主创新，形成新的竞争优势。

加快钢铁产业调整和科技振兴，必须以控制总量、淘汰落后、联合重组、技术改造、优化布局为重点，推动钢铁产业由大变强。

2009年2月4日，国务院常务会议审议并原则通过纺织工业和装备制造业振兴规划。认为加快振兴纺织工业，必须以自主创新、技术改造、淘汰落后产能、优化布局为重点，推动我国纺织业由大到强的转变。

加快振兴装备制造业，必须依托国家重点建设工程，大规模开展重大技术装备自主化工作；通过加大技术改造投入，增强企业自主创新能力，大幅度提高基础配件和基础工艺水平；加快企业兼并重组和产品更新换代，促进产业结构优化升级，全面提升产业竞争力。

2009年2月18日，国务院常务会议审议并原则通过电子信息产业振兴规划。确立完善产业体系，加快产业升级和增加竞争力；立足自主创新，突破关键技术，提高软件企业自主发展能力。会议明确：以应用带发展、强化信息技术在经济社会各领域应用、培育新的增长点将成为今后三年电子信息产业三大重点任务。

2009年2月18日，国务院常务会议审议并原则通过石化产业、轻工业振兴计划。指出振兴石化产业，必须在稳定石化产品的同时，加快结构调整，优化产业布局，着力提高创新能力和管理水平，增强产业竞争力。

轻工业振兴计划提出未来三年将以食品、家电、造纸、塑料、皮革、五金、电池、照明电器、洗涤、轻工装备等行业为振兴重点，而产业振兴目标是到2010年，使轻工业重点结构调整和产业升级取得明显成效。

2009年2月25日，国务院常务会议审议并原则通过了有色金属产业和物流振兴规划。有色金属产业调整和振兴，要以控制总量、淘汰落后产能、技术改造、企业重组为重点，推动产业结构调整和优化升级。

我国物流业总体水平落后，严重制约了国民经济效益的提高。必须加快发展现代物流，建立现代物流服务体系，以物流服务促进其他产业发展。

十大产业振兴计划，涵盖了解决就业、产业技术升级和结构调整等诸多方面，这些振兴经济发展的一揽子计划为三年后我国产业结构升级打下了坚实的基础。

产业振兴规划和4万亿投资不同，它主要是给政策、给思路、着力点在于产业升级，并让市场发挥作用，这也是对上一轮经济增长方式的一次修正。

在十大产业振兴计划的刺激下，相关板块上市公司股价轮番上涨，并带动A股市场出现一波显著的反弹，2009年大盘走势见下图。

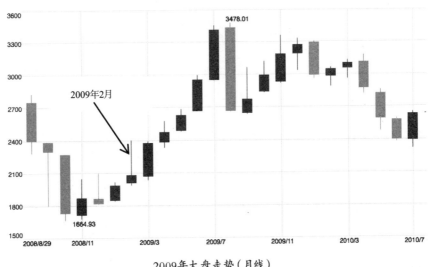

2009年大盘走势（月线）

2. 家电下乡

为了抵御全球金融海啸所造成消费性电子产品外销需求急速衰退，扩大内需市场，2008年12月开启了家电下乡的财政方案。

非城镇户口居民购买彩色电视、冰箱、移动电话与洗衣机四类产品，按产品售价13%给予补贴，最高补贴上限为电视2 000元（人民币，以下皆同）、冰箱2 500元、移动电话2 000元与洗衣机1 000元。

国家架设网络系统"家电下乡信息管理系统"进行末端通路商申请和审核及群众服务，首开世界先例利用信息化推行财政政策。

国家曾在2007年12月在山东、河南、四川、青岛三省一市进行家电下乡试点，对彩电、冰箱（含冰柜）、手机三大类产品给予产品销售价格13%的财政资金直补。试点取得了显著成效，农民得实惠、企业得市场、政府得民心。

从2008年12月起，山东、青海、河南、四川、内蒙古、辽宁、大连、黑龙江、安徽、湖北、湖南、广西、重庆、陕西14个省、自治区、直辖市及计划单列市开始推广家电下乡。

从2009年2月1日起，家电下乡在原来14个省市的基础上，开始向全国推广，产品也从过去的四个增加到八个，除了之前推出的"彩电、冰箱、手机、洗衣机"之外，本次家电下乡又新增了摩托车、电脑、热水器和空调。它们和彩电等产品同样享受国家13%的补贴，各个省市可以根据各地区不同的需求在这四个产品中选择两个进行推广。

全国范围内推广家电下乡对于扩大内需、保持经济平稳较快增长具有重要意义，从实施效果来看，家电下乡政策拉动中国社会消费的快速增长，大幅缩小城乡耐用消费品差距，加快了城市消费结构的升级步伐。

3. 汽车下乡

2009年1月14日，国务院常务会议审议并原则通过汽车产业振兴规划。按照汽车产业振兴规划，除从2009年1月20日至12月31日，对1.6升及以下排量乘用车按5%征收车辆购置税之外，国家还将从2009年3月1日起至12月31日，安排50亿元资金，对农民报废三轮汽车和低速货车换购轻型载货车及购买1.3升以下排量微型客车的给予一次性财政补贴。

国家相关部门要求中国汽车流通协会研究相关补贴细则。这些补助将直接打入农村购车者的补贴卡中，补贴力度类似于"家电下乡"的补贴。

根据3月1日开始实施的微型客车下乡政策，农民购车不仅享受购置税减半的优惠政策，还有较高的价格补贴的优惠政策。

在车企的选择上，并没有采用"家电下乡"的招投标方式，而是只要获得汽车生产目录的企业都可以提供下乡产品。虽然没有设置准入门槛，但需要企业作出三项承诺：即价格保证、品质保证、公示相应的销售网点和服务网点，作出退出承诺。

跟"家电下乡"的分担比例相同，补贴资金由中央财政和省级财政承担。

买车或换购车辆15个工作日之后，补贴款会从中央财政拨款到地方财政，再经过30个工作日，农民可以到乡镇领取。

根据《实施方案》，3月1日至12月31日，农民报废三轮车和低速货车并换购轻型载货车，以及购买1.3升以下排量的微型客车，给予一次性财政补贴。具体标准是"按换购轻型载货车或微型客车销售价格的10%给予补贴，单价5万元以上的，每辆定额补贴5 000元。同时，对报废三轮汽车每辆定额补贴2 000元，报废低速货车每辆定额补贴3 000元"。

同家电下乡一样，汽车、摩托车下乡政策补贴资金由中央财政和省级财政共同承担。其中，中央财政承担80%，省级财政承担20%。

同时财政部强调，2011年继续采取财政补贴政策，支持全面推广节能汽车和加大新能源汽车示范推广力度，继续实施老旧汽车报废更新补贴政策，此举主要为加快汽车产业结构调整升级，促进节能减排和资源循环利用。

这一措施有效推动汽车下乡，对促进农村交通工具更新换代、改善农村汽车消费结构，拉动农村消费都具有十分重要的意义。

在中国城市汽车需求相对低迷时期，推行"汽车下乡"既能给农民带来经济实惠的汽车，又能促进需求。

　　资本市场同样对此项政策给予肯定。春节后的第一天，上海汽车、一汽轿车等汽车股大涨。招商证券汽车行业分析师认为，1月的销量超过预期很多，市场信心恢复是造成这种局面的主要原因。此前普遍预计1月销量会同比大降，而结果是基本持平，其中购置税降低等汽车业振兴计划对汽车市场恢复信心有很大的帮助。

第5章

2009年7月至2013年6月，煎熬的熊市

股市爆炒后市场估值奇高，大量IPO上市，加上结构转型

压力下的经济增速下降和货币政策收紧，导致市场再次进入漫

长熊市阶段，时间跨度为2009年8月4日—2013年6月25日，沪指

波动区间为3478.01点～1849.65点，跌幅达46.8%。

5.1 2009年8月至12月，大体量新股发行，市场进入熊市

2009年7月29日，中国建筑在沪市登陆，上海证券市场发生了有史以来最大的单日成交量，并出现2009年最大的跌幅，盘中连破3400点、3300点、3200点整数关，报收于3266.43点。

进入8月以来，市场对新股发行过快担心，市场开始了一波回调周期，一个月的时间A股下跌了22%。

9月份以后，一系列"救市"措施和不断回暖的基本面提振了投资者做多的信心。9月3日，中国证监会表示将对《关于完善商业银行资本补充机制的通知（征求意见稿）》做出适当调整，对银行间交叉持有的次级债从附属资本中扣除，这一调整政策大大舒缓了投资者对于流动性的忧虑。

9月4日，中国外管局宣布，计划将单家QFII申请投资额度上限由8亿美元增至10亿美元，并将养老金、保险基金、开放式中国基金等中长期QFII机构的投资本金锁定期大幅缩短至3个月。

10月9日，工、中、建分别公告汇金公司于近日增持三行A股股份。

一系列的救市措施配合上市公司业绩的回暖，A股开始反弹，即使是10月底创业板的开启和12月希腊债务危机的升级也没有中断指数的反弹趋势，全年指数最终涨幅近80%。

5.1.1 重大政策

1. 适度宽松的货币政策

2009年的各项政策都是宽松的，积极的财政政策和适度宽松的货币政策是主基调。

2009年的利率政策保持稳定。其中，一年期存款基准利率维持在2.25%，一年期贷款基准利率维持在5.31%。2009年虽然没有进一步的降准和降息，但是通过"窗口指导"等多种方式，2009年的新增贷款量要远远超过历史同期。

中国银行体系信贷投放总量和节奏是由中央所控制，一般情况下遵循"三三二二"的投放节奏，即一季度投放全年总额度的30%、二季度投放30%、三四季度各投放20%。2007年和2008年底一季度新增人民币信贷分别是1.4万亿元和1.3万亿元，但是到了2009年一季度，这个数字达到了惊人的4.6万亿元是2008年一季度的3.4倍。

2009年新增人民币信贷量最终结果为9.6万亿元，比上一年增加96%。M1（流通中的现金+企业活期存款+个人持有的信用卡类存款）增速达到了36%左右，M2（M1+企业定期存款+城乡居民储蓄存款）增速达到了27%左右。

从2009年下半年开始，PPI等价格指标出现了V形反转的走势，在这种形势下，市场很快就有了对通胀的担忧。

2009年四季度的货币政策执行报告中，央行提出2010年M2增速的目标是17%，这要比2009年的水平大幅下降，货币政策的再一次转向预计很快来临。

2. 房地产"国四条"

随着房地产市场的回升，一些城市出现了房价上涨过快等问题。2009年12月"国四条"出台。"国四条"是指就促进房地产市场健康发展提出增加供给、抑制投机、加强监管、推进保障房建设四大举措，同时要遏制房价过快上涨。

四项调控措施的具体内容：

（1）要增加普通商品住房的有效供给。适当增加中低价位、中小套型普通商品住房和公共租赁房用地供应，提高土地供应和使用效率。在保证质量的前提下，加快普通商品住房建设。

（2）要抑制投资投机性购房。

（3）要加强市场监管。继续整顿房地产市场秩序，加强房地产市场监测，完善土地招拍和商品房预售等制度，加强房地产信贷风险管理。

（4）要继续大规模推进保障性安居工程建设。力争到2012年末，基本解决1540万户低收入住房困难家庭的住房问题。

在12月7日闭幕的中央经济工作会议上，房地产第一次不再被当作支柱产业来描述，经济会议只是提及要增加普通商品住房供给，支持居民自住和改善性购房需求。

12月9日，国务院常务会议公布了"个人住房转让营业税征免时限由2年恢复到5年"的规定。

国四条这套"组合拳"剑指当前房市存在的几个最突出矛盾，具有较强的现实针对性。政策的意图明显，主要是以下几点：

（1）增加普通商品住房的有效供给。特别是在用地上要适当增加中低价位、中小套型普通商品住房和公共租赁住房的供应。相关数据显示，当前京沪深等一线城市商品住宅普遍供不应求，增加供给将有利于缓解供求关系紧张，稳定房价上涨。

（2）抑制投资投机性购房。

（3）加强市场监管。当前，部分房地产市场开发商通过违规放号、要求购房者交纳诚意金等方式哄抬房价、制造恐慌气氛，严重扰乱楼市正常交易秩序。此次"国四条"的提出，继续整顿房地产市场秩序，加强房地产市场监测，完善土地招拍和商品房预售制度。政府严惩违规行为，显然要给百姓一个稳定的市场预期。

（4）大规模推进保障性安居工程建设。此前，一些地方的保障房建设缓慢，审核把关不严，国四条强调，保障性住房对商品房市场有平衡作用。

而对于老百姓的自住和改善性购房需求，"国四条"则再次明确表示"继续支持居民自住和改善性住房消费"。

12月17日，财政部、国土部等5部委发出通知，要求实施"首次缴纳比例不得低于全部土地出让价款的50%"的规定，政策"重拳"目标明确，与之对应的股市中房地产板块连遭重挫，股市因此低调收官，2009年大盘走势见下图。

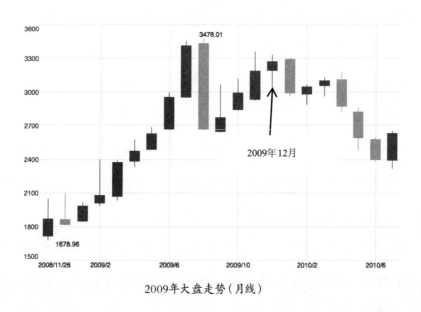

2009年大盘走势（月线）

5.1.2　经济形势

2009年全年我国GDP实际增速9.4%，比上一年小幅下降0.3%，依然保持着非常高的增速水平；因为实施了刺激计划，固定资产投资累计同比增速达到了30.4%，较上年小幅上升3.8%，继续保持着很高的增长速度，是自1994年以来投资增速最高的一年，甚至比2003年投资过热时还要高；工业增加值累计同比增速11.0%，较上年下降1.9%，全年工业企业利润总额同比增长13.0%，增速较上年小幅上升0.5%。社会消费品零售总额名义同比增速15.5%，增速比上年下滑7.2%。

出口是2009年下滑最严重的经济指标，全年以美元计价的出口金额增速同比负增长16%，是自20世纪90年代以来首次出现负增长，增速较2008年大幅下滑33.2%。

2009年A股上市公司利润增速是实现由负转正的大逆转，全部上市公司归属母公司所有者净利润增速达到27%，较上一年大幅提高43%。其中，主板和中小板业绩增速基本相当，主板增速27%，中小板增速25%。

在业绩增速大幅提升的同时，2009年指数总体的估值水平是大幅上升的。以上证综指计算，2009年底全年市盈率PE（TTM）在30.6倍，较2008年底大幅上升120%。

2009年估值大幅上行的主要因素其实是经济的超预期回暖，2009年全年GDP实际增速9.4%，而且GDP的增速年内实现了从6%到11%的跨越。与此同时，在投资的刺激下，各项经济指标都出现了大幅增长。

虽然在此期间利率其实全年也上升了将近100个基点，但从估值的走势上看并没有受到利率上行的影响，其间7—8月出现了估值阶段性下跌，主要原因是由于IPO的密集发行，引发市场一定程度的担忧。

5.1.3 主要事件

1. 创业板推出

2009年，中国资本市场的一个大事件就是创业板的推出。

2009年3月31日，中国证监会发布《首次公开发行股票并在创业板上市管理暂行办法》，自5月1日起实施，明确创业板的上市发行门槛不变，仍采用两套上市财务标准。这意味着筹备十年之久的创业板正式开始实施。

"创业板"的推出虽然在一定程度上稀释了流入股市的资金,但并未构成促使股市下行的实质性力量。

创业板又称二板市场即第二股票交易市场,是与主板市场不同的一类证券市场,以美国纳斯达克市场为代表。创业板市场在上市门槛、监管制度、信息披露、交易条件、投资风险等方面和主板市场有较大的区别。

创业板专为暂时无法在主板上市的创业型企业、中小企业和高科技产业企业等需要进行融资和发展的企业提供融资途径和成长空间的证券交易市场。创业板是对主板市场的重要补充,在资本市场占有重要的位置。

创业板与主板市场相比,上市要求往往更加宽松,主要体现在成立时间、资本规模、中长期业绩等要求上 。创业板市场最大的特点就是低门槛进入、严要求运作,有助于有潜力的中小企业获得融资机会。

在创业板市场上市的公司大多从事高科技业务,具有较高的成长性,往往成立时间较短、规模较小,业绩也不突出,但有很大的成长空间。可以说,创业板是一个门槛低、风险大、监管严格的股票市场,也是一个科技型、成长型企业的摇篮。

在中国发展创业板市场是为了给中小企业提供更方便的融资渠道,为风险资本营造一个正常的退出机制。同时,这也是中国调整产业结构、推进经济改革的重要手段。

二板市场和主板市场的投资对象和风险承受能力是不相同的,在通常情况下,二者不会相互影响。而且由于它们内在的联系,反而会促进主板市场的进一步发展壮大。对投资者来说,创业板市场的风险要比主板市场高得多。当然,回报可能也会大得多。

创业板市场可以极大地培育和推动成长型中小企业的成长，是支持国家自主创新核心战略的重要平台，具体表现在以下几个方面：

（1）创业板市场满足了自主创新的融资需要。通过多层次资本市场的建设，建立起风险共担、收益共享的直接融资机制，可以缓解高科技企业的融资瓶颈，可以引导风险投资的投向，可以调动银行、担保等金融机构对企业的贷款和担保，从而形成适应高新技术企业发展的投融资体系。

（2）创业板市场为自主创新提供了激励机制。资本市场通过提供股权和期权计划，可以激发科技人员更加努力地将科技创新收益变成实际收益，解决创新型企业有效激励缺位的问题。

（3）创业板市场为自主创新建立了优胜劣汰机制，提高社会整体的创新效率，具体体现在以下两个方面：一是事前甄别，就是通过风险投资的甄别与资本市场的门槛，建立预先选择机制，将真正具有市场前景的创业企业推向市场；二是事后甄别，就是通过证券交易所的持续上市标准，建立制度化的退出机制，将问题企业淘汰出市场。

2. 创业板创立历程

1999年1月15日，深交所向证监会正式呈送《深圳证券交易所关于进行成长板市场的研究立项报告》，并附送实施方案。当年8月20日，中共中央、国务院出台《关于加强技术创新、发展高科技，实现产业化的决定》，称要培育有利于高新技术产业发展的资本市场，逐步建立风险投资机制，适当的时候在上海、深圳证券交易所设立高新技术板块。

2000年4月，证监会向国务院报送《关于支持高新技术企业发展设立二板市场有关问题的请示》，就二板市场的设立方案、发行上市条件、上市对象、股票流通及风险控制措施等问题提出意见。5月16日，国务院讨论证监会关于设立二板市场的请示，原则上同意证监会意见，将二板市场定名为创业板市场。

但此后创业板的发行陷入了停滞。

不过，深交所并没有停止设立创业板的努力，2002年11月28日，深交所在给证监会《关于当前推进创业板市场建设的思考与建议》的报告中，建议采取分步措施的方式推进创业板的建设。

2003年10月14日，十六届三中全会创业板再度被提上议事日程，会上通过了《中共中央关于完善社会主义市场经济体制若干问题的决定》，明确提出："建立多层次资本市场体系，完善资本市场结构，丰富资本市场产品。规范和发展主板市场，推进风险投资和创业板市场建设"。

2008年3月创业板《管理办法》（征求意见稿）发布。

金融危机再度延后了创业板的启动，直到2009年3月31日，中国证监会正式发布《首次公开发行股票并在创业板上市管理暂行办法》，该办法自2009年5月1日起实施。

2009年7月1日，证监会正式发布实施《创业板市场投资者适当性管理暂行规定》，投资者可在7月15日起办理创业板投资资格。

2009年9月13日，中国证监会宣布，于9月17日召开首次创业板发审会，首批7家企业上会，预计拟融资总额约为22.48亿元。

2009年10月23日，筹备达十年之久的创业板才真正开板。

2009年10月30日，首批28只创业板股票集体亮相。这些股票受到资金追捧，由于创业板遭到过度炒作，28只股票上市首日均被深交所临时停牌，创下A股市场新纪录。

在创业板首日交易中，机构投资者累计买入1142.95万股，占市场比例为2.63%。其中，证券投资基金、社保基金、保险等未参与买入，散户的买入比例超过97%。

5.2 2010年，股指期货推出，股市宽幅震荡

在多项利空政策及欧债危机发酵导致全球股市大幅下跌的影响下，A股在刚进入2010年第一个月就进入下行通道。截至年底，上证指数从年初的高点3300至年底2770点，跌幅达15.47%。而创业板、中小板指数及大批股票在2010年创出历史新高。中小板综指从年初的5820点至年底7300点，涨幅达26.31%。

纵观2010年A股市场的运行脉络，上证大盘表现出"下跌—反弹—下跌"的运行轨迹。货币政策、汇率问题、楼市调控、市场改革、国际因素等一系列经济因素都体现在股市的运行中，而产业规划、结构转型、消费升级等因素为主导的力量，使得中小板指数却走出整体上升的牛市行情，中小市值个股翻番的数不胜数。

5.2.1 重大政策

1.收缩流动开始

整个2010年货币政策虽然名义上还是"适度宽松"，但实际上收缩流动已经开始，M1和M2增速在2010年出现明显回落。

2010年中国人民银行开始了加息和提高存款准备金利率，标志着货币政策再一次转向。

中国人民银行分别于1月18日、2月25日、5月10日、11月16日、11月29日和12月20日6次上调存款类金融机构人民币存款准备金率各0.5%，累计上调3%。

2010年前三季度，利率政策保持稳定，进入四季度以后，通胀上行的预期越来越强烈，中国人民银行于10月20日、12月26日两次上调金融机构人民币存贷款基准利率。

其中，1年期存款基准利率由2.25%上调至2.75%，累计上调0.5%；一年期贷款基准利率由5.31%上调至5.81%，累计上调0.5%。12月26日同时上调中国人民银行对金融机构贷款利率，再贴现利率由1.80%上调至2.25%。

5.2.2　经济形势

2010年全年中国GDP实际增速10.6%，增速比上一年上行了1.2%，依然保持着非常高的增速水平，并且再度回到了两位数的增长速度；固定资产投资累计同比增速达到24.5%，较上年回落5.9%，保持了很高的增长速度，自2003年起连续八年固定投资增速在20%以上。

工业增加值累计同比增速15.7%，增速较上一年上升4.7%，全年工业企业利润总额同比增速高达53.6%，较上年大幅上升40.6%。社会消费品零售总额名义同比增速18.3%，增速比上一年提高2.8%。

在2008年的经济刺激下，2010年的中国主要经济指标又一次达到了历史高点。

2010年A股上市公司的利润增速较上一年有显著提高，2010年全部A股上市公司归属母公司所有者利润增速达到39%，较上一年大幅提高12%。其中，主板和中小板业绩相当，全年归属母公司近利润增速都在39%左右，创业板净利润增速为24%。

在业绩增速大幅提升的同时，2010年指数总体估值水平大幅下降，以上证综指计算，2010年底全年市盈率（TTM）在16.7倍，较2009年底大幅下降45%。

估值下降的原因主要是2010年上市公司业绩增速较2009年大幅提高, 市场基本已经预见到2011年业绩会增速下滑, 估值下降反映出市场的预期。

5.2.3　股指期货的推出

2010年4月16日, 中国股指期货正式推出。

股指期货的全称是股票价格指数期货, 是指以股价指数为标的的标准化期货和约, 双方约定在未来的某个特定时期, 可以按照事先确定的股价指数的大小, 进行标的指数买卖。作为期货交易的一种类型, 股指期货属于金融期货范畴, 与普通商品期货交易具有基本相同的特征和流程。

股指期货的作用在于, 当股票市场大幅波动时, 股票的投资者可以利用股指期货能够有效规避风险, 实现资产保值、增值。

1982年, 美国堪萨斯期货交易市场推出价值线指数期货和约, 宣告了股指期货的诞生。随后许多交易所都开始了股指期货的尝试和探索。

同年4月, 芝加哥商品交易所推出标准普尔500指数期货合约。

1984年, 伦敦国际金融期货交易所推出金融时报100指数期货合约。

我国股指期货品种的探索开始于2004年11月, 当时上海证券交易所开始着手研究开发股指期货。2005年4月8日, 沪深300指数正式发布, 成为股指期货候选指数标的。2006年9月8日, 中国期货交易所 (CFFEX) 在上海挂牌成立。10天后, 中国金融期货交易所公布了即将推出的 "沪深300指数期货暂定和约", 保证金水平为合约价值的8%。

2006年10月23日, 中国金融期货交易所《简称中金所》发布了 "关于《沪深300指数期货合约》《交易细则》《结算细则》和《风险控制管理办法》征求意见稿公开征求意见通知"。

10月25日，中金所发布《中国金融期货交易所仿真交易业务规则》。

10月30日，中金所开始沪深300股指期货的仿真交易活动。

12月19日，金融期货结算会员资格标准初定，注册资本不低于5 000万元。

2007年2月7日，《期货交易管理条例（修订草案）》终于在国务院常务会议上得以审议并原则通过。

2007年4月15日，《期货交易管理条例》正式施行，金融期货终获"准生证"，至此，股指期货上市的法律障碍彻底清除。

6月27日，中国金融期货交易所正式发布《中国金融期货交易所交易规则》及其配套实施细则。此举标志着中金所规则体系和风险管理制度已经建立。金融期货的法规体系基本完备。

就在市场预期股指期货"千呼万唤始出来"之际，却迟迟不见其落地。实际上，蓝筹泡沫使管理层放缓了股指期货的推出。随之而来的2008年，金融海啸席卷全球，金融衍生工具的负面效应使得市场各界感到震惊，股指期货的出台被搁置。

2009年，金融危机阴影逐渐散去，市场得到修整。然而，创业板的重要性显然大于股指期货。于是，股指期货的推出再次被延后。直到2010年，股指期货才有机会登陆国内资本市场。

2010年1月8日，国务院原则同意开展证券公司融资融券业务试点和推出股指期货品种，证监会将统筹股指期货上市前的各项工作。

1月19日，中金所就《中国金融期货交易所交易规则》及其实施细则修订稿，以及《沪深300股指期货合约》向社会公开征求意见，股指期货的基本规则全线亮相。

2月20日，中金所发布沪深300股指期货合约和修订后的交易规则及实施细则。

2月22日，中金所正式受理股指期货交易开户申请。

2010年4月16日，股指期货正式上市交易。

上市首日，市场在投资者的追捧下，各合约均大幅高开，显示出投资者对新生事物的好奇与参与热情，同时各合约均出现正基差，市场成交活跃。

有了股指期货，意味着投资者可以做空市场，同时可以利用股指期货与股票或指数基金的组合操作进行对冲和套利，不同的投资者可以依据自己对各种影响市场运行的信息进行判断，实施双向操作，规避风险，获取收益。

此后，指数的下行持续了两个半月，股指期货也随之下跌了两个半月。沪深300指数从4月15日收盘的3394.57点下跌到7月2日最低的2462.20点，跌幅高达27%。

2010年大盘走势见下图。

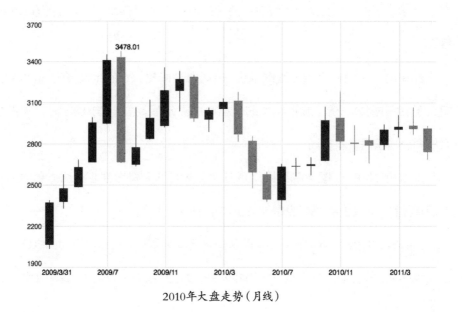

2010年大盘走势（月线）

5.3　2011年，经济高速增长，股市低迷回落

2011年12月30日，A股市场落下帷幕。上证收盘指数2199.42点，全年累计跌幅超过21%，深证收盘指数8918.82点，全年累计跌幅超过28%。

纵览A股市场整年走势，虽然第一季度有比较明显的上扬，但是在经济增速下滑、通货膨胀率上升的大背景下，二、三、四三个季度的连续杀跌让股民叫苦不迭。

对企业盈利能力的怀疑、对政策的观望、对市场扩容和再融资的恐慌，使得A股市场估值不断下挫，A股回落幅度已远超市场预期。

5.3.1　重大政策

1. 三次加息、六次上调、一次下调准备金

2011年1月，从央行公布的金融运行数据可以看出，银行业市场基础货币缺口增加，货币供应量增速回落幅度远超预期，当月同业拆借加权平均利率环比上涨，从2010年12月的2.92%上涨到3.7%，这是一个非常明显的货币紧缩信号。

从央行公布的金融统计数据报告可以看出，无论是狭义货币（M1），还是广义货币（M2），同比涨幅都呈现出下降趋势，这也是非常明显的紧缩标志。

除货币投放增量变缓外，2011年央行三次加息，六次上调存贷款准备金率，通过成本型与数量型工具来减少货币量，实现收紧流动性的目的。2011年6月，存贷款准备金率就由2010年的18.5%上升到21.5%，上升幅度相对较大。

流动性紧缩在一定程度上遏制了当时的物价上升，但随着流动性的收紧，极大地增加了企业的融资难度，企业预期收益更低，经济活跃度下降，经济规模也有一定程度的萎缩。这对一整年的股市都有不良且深远的影响，极大地遏制了股票市场的发展。

2011年11月30日，央行决定自12月5日起，下调存款准备金率0.5%，以期激发市场活力。

2. "新国八条"颁布实施

2011年1月26日，国务院常务会议召开，拉开了第三轮房地产调控的序幕。在此之前，针对房价上涨过快，也出台过相关政策，但对于一线城市而言，这类问题并没有得到根本解决。"新国八条"的出现，成为房地产调控政策中最严格的组合，各地"限购"政策纷纷出台。

随着调控政策的出台，房地产业开始出现调整，很多城市的房价开始由涨转跌。为进一步巩固政策的调控成果，中央经济工作会议再次强调：要坚持房地产调控政策不动摇，促进房价合理回归。此举再次证明，调控政策的严格与持久，进入2011年12月，国内一线城市相继表明将继续执行住房限购政策。

随着房地产调控政策的出现，房地产行业出现剧烈变化，带动整个A股市场出现一定程度的波动，尤其是房地产板块，行业基本面因量价调整和投资减少导致板块下挫严重，整个房地产板块下跌近20%，板块估值创历史新低，A股走势渐软。

2011年大盘走势见下图

2011年大盘走势（月线）

3. 人民币升值

随着国际收支的持续顺差，经济的快速发展，对人民币升值的预期不断增加，人民币开始了一定程度的升值。12月23日，人民币兑美元汇率中间价为6.32，从2011年整年来看，人民币兑美元汇率（中间价）已有一定程度的升值，增幅高达4.756%。

随着改革开放程度的加深和综合国力的增强，人民币升值是必然的。人民币升值对我国的影响是复杂的，对经济、对股市的影响也是积极和消极各占一半的。

积极影响方面，有效改善贸易条件，抑制通货膨胀，可以减少过剩的外汇储备，有利于资源的合理配置，减少外汇占款对货币政策自主性的影响，有利于减少贸易摩擦，在国际货币体系中获得更有力的地位。

消极影响方面，出口是我国经济的重要支柱，人民币的升值会降低产品的国际竞争力，导致出口减少，引发国内失业；容易触发"热钱"，对金融安全造成极大危害；迎合投机资本的预期，出现资产泡沫，危害资本健康发展。

在这种背景下，人民币必须升值，但要保持平稳、较长时间小幅升值的策略，既减少对出口企业的影响，还符合人民币国际化的需求。

人民币升值，对股市的影响也是复杂的，既有利好因素也有利空因素，整体而言，人民币升值带来的经济发展、产业升级、资源合理配置和企业核心竞争力的提升，都有利于股市的健康发展，利好效应大于利空，但不同板块之间会有差别。

4.《转融通业务监督管理试行办法》正式发布

2011年10月19日，中国证券金融股份有限公司作为转融通业务主体金融公司被正式批准，核准上市。

之前融资融券业务逐渐转常规，转融通办法也终于正式发布。10月28日，《转融通业务监督管理试行办法》由证监会正式发布，同时发布的还有经征求意见、修改后的《证券公司融资融券业务管理办法》及《证券公司融资融券业务内部控制指引》。与之前的草案相比，修改后的《转融通业务监督管理试行办法》在风控指标上有所放宽，力度明显，融资融券将会成为券商的常规业务。

转融通业务的确立，给A股市场带来了深远的影响。之前券商的业务标的仅限于券商的自由资金和自有证券，规模和种类都不够丰富，但随着新制度的确定，可以通过专门的金融机构——证券融资公司开展融资融券业务，社保基金、保险、公募基金、上市公司大股东等都可以参与其中，融资融券业务规模急速扩张，转融通是融资融券业务的大发展。

转融通制度确定后，基金和保险等机构持有的底仓可以通过证券金融公司"出借"，既可以获取收益，还可以增加市场流动性，让多空双方力量均衡，在一定程度上弥补了A股市场只能做多不能做空的问题。转融通制度的出现，意味着A股市场出现卖空可能，会对整个A股市场操作与发展产生深远影响。

5.3.2 经济形势

1. 整体经济形势

2011年是"十二五"规划的开局之年，在金融危机、欧债危机与自然灾害等多方挑战下，经济在"十一五"期间保持了平稳较快的发展，实现了新的历史性跨越，为"十二五"经济发展夯实了基础。

"十二五"规划纲要对未来五年国家经济社会发展的指导思想、目标、战略重点及重大举措等问题进行了明确，科技发展、环境保护、文化繁荣、社会主义市场经济建设等都必将取得重要进展和发展。

从数据上看，2011年，全年国内生产总值471 564亿元，按可比价格计算，比上年增长9.2%。

从季度上看，一季度同比增长9.7%，二季度同比增长9.5%，三季度同比增长9.1%，四季度同比增长8.9%。

从产业上看，第一产业增加值46 612亿元，同比增长4.5%；第二产业增加值220 592亿元，同比增长10.6%；第三产业增加值203 260亿元，同比增长8.9%。

2011年，全年营业税13 679亿元，比上年增加2 521亿元，增长22.6%，受央行加息、固定资产投资保持较快增长等因素的影响，建筑、金融、保险行业营业税增加。

全年城镇居民人均总收入23 979元。其中，城镇居民人均可支配收入21 810元，比上年实际增长8.4%。农村居民人均纯收入6 977元，比上年实际增长11.4%。

全国经济在2011年主要呈现出以下特征：

（1）经济增速下降。2011年，全年国内生产总值增长率逐季下降，第一、二、三、四季度的增长率分别为9.7%、9.5%、9.1%和8.9%。出现这种情况既是偶然也是必然。

2011年以来，欧美国家主权债务危机加重，特别是欧债危机日益严重，世界经济整体上呈现出放缓的趋势，国际贸易增速放慢，国际金融更是动荡，各类风险层出不穷，外部环境对国内经济而言非常不友好。

同时，国内经济发展也面临许多问题，对部分企业（尤其是中小企业）的生产经营提出了非常大的挑战。企业的困境折射到国家层面，不难看出，2011年全年，经济平稳发展和运行有许多困难。

在这种情况下, 国家出台了许多政策措施, 扶持中小企业发展, 与中小企业一道共渡难关。

10月12日, 国务院常务会议确定对小微企业的财政和金融支持政策。

10月25日, 银监会迅速跟进, 发布《关于支持商业银行进一步改进小型微型企业金融服务的补充通知》, 增加对小微企业的资金扶持力度, 降低融资成本和融资难度。

面对国内外经济发展的消极因素, 在宏观上也进行了一定的调控, 力图保持稳定, 在不伤及国本的情况下平稳过渡。

(2) 通货膨胀率由升到降。通货膨胀率过快增长, 会影响经济的健康有序发展, 还会对股市产生许多负面影响。为应对2008年的金融危机, 货币供应量始终维持在高位。2010年, 人民币各项贷款突破了年初7.5万亿的调控目标。

广义货币(M2)供应量在2009年同比增长超过27.5%, 达到13年来的峰值。2010年同比增长又接近20%。在GDP总量增长214 766亿元的情况下, M2余额增长了427 044亿元, 货币供应量增长额是GDP增长量的2倍。

在这种背景下, 过高的货币供给量使通货膨胀率快速上升, 2011年1月CPI同比增长4.9%, 5月即攀升到5.5%, 创下34个月以来的最高纪录, 6月达到6.4%, 创3年以来新高, 7月CPI更是达到6.5%, 成为全年之最。

稳定物价成了亟待解决的问题。2月8日, 人民银行宣布上调存贷款基准利率0.25%, 其他各级存贷款基准利率相应上调。同时, 货币紧缩、减少流通环节、降低税费、加大扶农力度、支农力度等各项措施先后推出, 尽可能降低通货膨胀率, 稳定物价。

通过这些宏观调控手段, 通货膨胀率在8月份开始出现同比下降, 后几个月也在不断降低, 通货膨胀率逐渐降低。

（3）欧债危机影响深远。欧债危机不仅对欧洲自身产生了深远影响，对世界经济而言，也有不可忽视的负面作用，不仅阻碍了世界经济的复苏，更加剧了全球金融风险和动荡。中国作为世界经济的一分子，也受到了非常大的冲击。

欧债危机带来的金融动荡对资本市场的损害无须多言，而其背后引发的恐慌情绪对资本市场的发展更是灾难。大宗商品市场剧烈动荡，黄金价格大幅上涨，世界金融体系出现了一定程度的混乱。

随着国际化程度的不断提升，这场全球性经济、贸易、金融的全面萎缩，对我国的影响也非常大，A股市场也遭受重创，加重了空头氛围，股市大跌，2009年12月31日至2011年12月23日，上证指数跌幅近30%。

2. 股市整体形势

2011年全年，共有2 320只股票纳入A股统计。其中，仅有193只股票涨幅为正，占比不足10%，仅有8.3%。沪深300指数全年下跌超过25个百分点，以此为标的，跑输大盘的个股共有1 555只，比例超过三分之二。在这些股票当中，汉王科技、宝来高科、东山精密等个股，跌幅甚至超过60%，令人叹惋。

（1）沪市总体情况。从总体上看，沪市在2011年的表现并不令人满意，但这并不是沪市本身的问题，而是由众多因素共同作用形成的。

《上海证券市场2011年度统计快报》显示：2011年，沪市总市值总额为14.84万亿元，与去年同期相比下降了17.11%，上证综合指数下跌21.68%。

根据统计快报显示，2011年沪市共有931家上市公司，增幅为4.14%，上市股票共有975只，增幅为3.94%。换手率接近125%，同比下降37.12%，静态市盈率下降到13.4，同比下跌37.97%。

在市场交易方面，2011年沪市总体成交金额达到454 651.56亿元，年度增幅达到14.12%。A股、B股共成交237 560.45亿元，跌幅近22%。

在筹资方面，上海交易所2011年股票筹资金额达到3 199.69亿元，跌幅超过42%。股票筹资企业数量135家，比去年有所增长，增幅达到11.57%。其中，首次发行筹资38家，再次发行（增发、配股、权证行权）97家，金额分别为1 014.01亿元和2 185.68亿元。

（2）深市总体情况。深圳证券交易所在点数数据上同样表现低落，中小板指数跌幅高达36.3%，创业板指数跌幅达到33.1%，深交所主板跌落更为严重，致使沪深300指数跌幅达到24.6%，超过上证综指。

宏观形势复杂多变，深交所总体业绩保持了一定程度的增长。总体营业收入较去年增长17.99%，其中主板、中小板和创业板的增长率分别为15.79%、22.83%和26.27%；净利润同比增长6.91%，其中主板、中小板和创业板的增长率分别为5.00%、8.89%和12.83%。83.33%的上市公司实现营业收入增长，63.24%的上市公司实现净利润增长。上市公司净资产收益率为11.56%，与去年基本持平，上市公司总体资产收益情况良好。

2011年深交所上市公司都面临着非常大的现金流约束，除金融板块外，现金流净值降幅接近70%。房地产板块受"新国八条"的影响，净现金流同比大幅下降170%。从经营活动现金流净值来看，剔除金融板块，上市企业经营活动现金流净额同比下降1.99%，除主板维持了同比增长外，中小板降幅达到20.07%，创业板降幅达到95.83%。总体来看，很难令投资者满意。

5.3.3　主要事件

1. 标普调降美国评级，A股大幅下跌

2011年8月5日，标准普尔公司宣布下调美国政府信用评级，从ＡＡＡ下调至ＡＡ+，前景展望为"负面"，这是历史上的首次下调。这一行为引发了市场的恐

慌，下调后的第一个交易日，美股大幅下跌，收盘道指重挫628点，三大股指跌幅超过5.5%。

美股的大幅下跌引发了全球股市大幅下跌，同日，欧洲市场三大股指下跌超过3%，第二个交易日，中国香港恒生指数跌破20000点大关，重挫1280.87点，跌幅达到6.25%。上证指数当日大幅下跌3.79%，连续跌破2600、2500点大关。

2. 央行3年来第一次下调存款准备金率

2011年11月30日，央行宣布自2011年12月5日起，下调存款准备金率0.5%，这是从2008年12月开始的3年里，首次下调存款准备金率。

随着存款准备金率的下调，A股在第一个交易日大幅高开，金融地产、有色板块涨势迅猛，带动整个市场快速冲高，上证指数盘中最高涨幅近4%，这是非常惊人的成绩。但是在午后，沪深两市都变得谨慎，交易有所减缓，股指不断吞噬之前的涨幅，最终上证以2386.86点报收，涨幅2.29%，深证成指以9917.86点报收，涨幅2.32%。当日，两市共成交1 787.56亿元，较上一交易日有明显增长。

3. 完善创业板退市制度

2011年11月28日，深交所推出《关于完善创业板退市制度的方案（征求意见稿）》，向社会大众征求意见。

以往退市制度在实施过程中，对上市企业的质量提升有一定的作用，但是随着资本市场的深化改革，现行退市制度存在着许多不足，退市效率低，退市流程复杂、难度大等问题比较突出，上市公司利用规则漏洞通过各种手段调节利润规避退市，在一定程度上影响了资本市场的投资秩序。

此次意见稿不但增加了创业板退市的条件，还缩短了特殊情况下的退市时间，取消了"退市风险警示处理"，拟实施"强化退市信息披露，及时提示退市风险"和"深化创业板投资者适当性管理，充分揭示退市风险"两大措施，不仅如此，新意见拟实施"退市整理期"制度，设立"退市整理板"，公司股票终止上市前，给予30个交易日的"退市整理期"等。出台这些规范了创业板企业行为，增加了公信力，提高了投资者投资信心。

4. RQFII推出

2011年5月，中国香港证监会主席方正声明，目前RQFII（人民币合格境外机构投资者）正在等待内地监管部门审批，依然有技术问题需要解决，一旦推出，对中国香港投资者而言，会有更多的投资机会。

2011年12月16日下午，证监会宣布，证监会、央行、外汇局即将联合发布RQFII试点办法及配套文件，初期试点额度约为200亿元人民币。此后，华夏基金、易方达基金等九家基金公司旗下中国香港子公司，获证监会批准，首批拿到RQFII资格，其中华安基金、南方基金等基金公司的中国香港子公司已经向中国香港证监会上报产品，预计2012年初发行。

5. 重庆啤酒"疫苗门"

重庆啤酒1997年上市，上市第二年就宣布收购佳辰生物，此后的十三年时间里，开始不断打造乙肝疫苗神话，其间股价不断上升，累计上升超过37倍，市场资金涌入，业界一度领先。

但是2011年12月7日晚，重庆啤酒发出公告，披露佳辰生物乙肝疫苗临床试验的揭盲数据，试验显示疫苗效果基本等同于安慰剂。此公告发出后，这只股票失去了"乙肝疫苗"的光环。复牌后的第一个交易日，重庆啤酒"一"字跌停，此后更是一路下跌，直到12月21日第10个跌停后，重庆啤酒才"开板"。

在第二个跌停后，因重仓持有重庆啤酒，大成基金损失惨重，市值大幅度下

跌，于12月12日致函重庆啤酒公司，要求召开临时股东大会，审议罢免黄明贵重庆
啤酒董事职务的议案。

6. 绿大地造假上市，董事长获缓刑

2007年12月21日，绿大地在深交所中小板挂牌上市，成为绿化行业第一股，
也是云南省第一家上市民营企业，其控股股东何学葵更是成为云南女首富。然而
三年之后，其造假行为被暴露在公众面前。2011年3月17日，何学葵因涉嫌欺诈发
行股票罪，被依法逮捕。

案件资料表明，绿大地上市公司在上市前虚增资产7 011万元，虚增收入2.96
亿元，上市后虚增资产2.88亿元，虚增收入2.5亿元。不仅涉嫌欺诈发行、虚增数
额巨大等违法行为，绿大地还涉嫌违规披露、不披露重要信息、伪造国家机关公
文、凭证、隐匿、销毁会计资料等多项违法行为，业界哗然。

案发后，一审判决公司罚款400万元，以原控股股东、董事长何学葵为首的五
名责任人缓刑。何学葵被法院判处有期徒刑3年，缓刑4年。

5.4　2012年，全球股市回暖，A股持续下跌

2012年第一个交易日，股市以2212点开盘，1月和2月大盘势头强劲，个股涨
势不错，投资者预期向好，信心增加。

进入3月后，A股出现动荡，自5月起股指持续震荡走低，A股一路阴跌。

11月27日，上证收盘指数跌破2000点，低至1991点，暂时退出"2时代"。此
后，沪指持续走低，至12月4日，沪指盘中甚至跌至1949点，成为此轮调整的最
低点。

但在最后一个月，A股市场突然发力，凭借量价齐升的走势，逐渐收复失地，上证强势翻红，居然实现了3.17%的涨幅。

虽然A股市场在最后关头逆袭，但从全球主要资本市场来看，上证综指和深证成指的表现依旧不佳，涨幅榜位列倒数第二和倒数第一。

5.4.1 重大政策

1. 首次调低经济增长预期

2012年国内生产总值增长预期目标是7.5%，这是自2005年以来首次降低GDP增速预期目标。国内生产总值预期虽然降低，但这与"十二五"规划的目标却比较吻合，引导社会各界加快转变经济发展方式、提高经济发展质量、增加经济发展效益，推动经济实现更快、更好、更高质量的发展。

适当降低增速预期目标，既是在适应复杂多变的世界环境、国内环境，更是在引导地方政府，不要过度追求速度，要为转变发展留下空间。

可以看出，降低增速预期对政府而言是非常复杂、艰难的决定，对社会各界的影响也会十分多样，尤其是A股市场，一方面经济增速的下调降低了人们的投资信心，另一方面，经济增长方式的转变又会对实体经济有非常好的促进作用，推动企业发展。

2. 引导民间资本进入金融业

2012年5月25日，《关于落实〈国务院关于鼓励和引导民间投资健康发展的若干意见〉工作要点的通知》由证监会正式发布。

通知从三个维度出发，列举了十五条举措的落实细则，从促进民营企业融资和规范发展、鼓励民间资本参股证券期货经营机构和为民营企业健康发展创造良好环境三个方面推动民营企业发展。

5月26日，银监会出台《关于鼓励和引导民间资本进入银行业的实施意见》，明确提出支持民营企业参与商业银行增资扩股，鼓励和引导民间资本参与城商行与村镇行发起或增资扩股的信托公司、消费金融公司、财务公司等。

6月21日，保监会发布了《中国保监会关于鼓励和支持民间投资健康发展的实施意见》，积极支持符合条件的民营资本，通过多种方式参与投资保险公司。

在9月出台的《金融业发展和改革"十二五"规划》中，也明确表示要鼓励和引导民间资本参与到金融改制和增资扩股中来，支持民间资本参与设立新型农村金融机构和小额贷款公司等。

这一系列条例对民营资本和中小企业而言都有非常重要的影响。

对于A股市场而言，鼓励民间资本进入金融业，有利于降低融资成本，增加资本活力，具有一定的利好特性。

3. 29条新措施支持小微企业

2012年4月，国务院发布《国务院关于进一步支持小型微型企业健康发展的意见》，以下简称《意见》。《意见》从充分认识进一步支持小型微型企业健康发展的重要意义、进一步加大对小型微型企业的财税支持力度、努力缓解小型微型企业融资困难、进一步推动小型微型企业创新发展和结构调整、加大支持小型微型企业开拓市场的力度、切实帮助小型微型企业提高经营管理水平、促进小型微型企业集聚发展、加强对小型微型企业的公共服务等八个方面展开，共计29条具体措施。

小微企业对经济发展意义重大，不但能够创造经济价值，还能够吸纳就业，保障民生，意义重大。因此，当此项经济政策推出时，释放出的信号是积极而正向的，表明政府支持小微企业发展的决心、推动经济复苏的决心。

此项政策对A股市场而言，也是利大于弊，有明显的利好特点。

4. QFII和RQFII额度大幅提高

2012年，QFII（合格境外机构投资者）审批速度明显提升，截至2012年底，共有二百余家境外机构获批QFII资格，累计获批投资额度超过360亿美元。

此外，外汇管理局修改QFII外汇投资相关规定，将主权基金、央行及货币当局等机构投资额度上限放宽，至可超过等值10亿美元。

2012年11月14日，证监会再次宣布增加RQFII（合格境外机构投资者）投资额度，共计2 000亿元，总额度超过2 700亿元人民币。

从外部主体看，名单当中不乏卡塔尔投资局等主权投资机构，这一方面是因为国际社会对中国经济未来持有乐观态度；另一方面是因为股市估值已经降低至与国际投资市场同一水平，对国际资金的吸引力上升，所以投资中国市场成为一种比较理想的决策。

从内部来看，当时投资者缺乏信心和热情，加快QFII和RQFII的审批，可以在一定程度上增加市场活力，重塑市场信心，使市场不断回暖。但是这项政策对A股市场而言产生的作用是短期的，从长期来看，还需要做更多的努力，从而真正振兴A股市场。

5.4.2 经济形势

1. 总体经济形势

2012年，全年国内生产总值519 322亿元，按可比价格计算，同比增长7.8%。分季度看，一季度增长8.1%，二季度增长7.6%，三季度增长7.4%，四季度增长7.9%。分产业看，第一产业增加值52 377亿元，比上年增长4.5%；第二产业增加值235 319亿元，比上年增长8.1%；第三产业增加值231 626亿元，比上年增长8.1%。总体来看，年国民经济保持发展稳中求进。

以下列举了几个有代表性的指数，从这些指数中我们不难看出经济发展的整体情况。

全年居民消费价格比上年上涨2.6%，涨幅比上年回落2.8%。

全年工业生产值出厂价格比上年下降1.7%；12月份同比下降1.9%，环比下降0.1%。

全年工业生产值购进价格比上年下降1.8%；12月份同比下降2.4%，环比下降0.1%。

全年社会消费品零售总额207 167亿元，扣除价格因素比上年实际增长12.1%，增速比上年回落2.8%。

2012年经济发展有以下几个特征：

（1）全年经济缓中趋稳。2012年世界经济依然笼罩在欧美债券危机的阴影下，国际经济环境依然比较严峻。宏观政策进入"稳增长、调结构、促转型"的调整期。

在外需不足的情况下，规模以上经济增加值同比增速在10%左右，虽然较2010年有所下降，但是相对世界上其他经济体，还是相当不错的成绩。

2012年下半年，实体经济已经开始出现缓中趋稳的迹象。7—12月的工业增速明显企稳，10月，PMI（制造业采购经理指数）重新达到50.2%，回到临界点上。新订单指数约为50.4%，表明市场需求正在复苏，去库存基本进入尾声，市场增速快于库存增速。

经济基础虽然还不够牢固，但已有回暖迹象。

（2）外需萎缩仍有重要影响。国际金融危机的影响依然存在，欧美国债危机也没有平顺度过，世界经济依然疲软，复苏路程漫长曲折，整体国际需求依然低迷。对于我国而言，这是非常大的挑战，出口压力极大。仅从前三季度来看，进出口总额28 425亿美元同比增长6.2%, 但是从增速来看下降18.4%, 还是非常大的。据海关数据显示, 2012年7月, 进出口增速回落到2009年以来的最低位。

世界经济的低迷, 国家间发展的不平衡, 导致贸易保护主义明显抬头, 不仅欧美发达国家设立各种贸易壁垒, 一些新兴经济体也增加了限制性贸易措施, 这不仅对我国出口造成非常大的压力, 也极大地破坏了世界贸易体系的稳定。

(3) 企业效益持续下滑, 生产经营困难加剧。1—10月, 规模以上工业企业盈亏相抵, 实现了40 240亿元的利润, 同比上涨, 但涨幅仅为0.5%。去年同期同比增长幅度达到25.3%, 这是非常大的差距。主营业务收入利润也从去年同期超过6%降至5.46%。企业亏损高达15%, 比去年同期高出3%, 很多企业正面临经营困难的挑战。

从行业自身发展管理来看, 企业用工成本逐年攀升, 1—8月, 规模以上工业企业每百元主营业务收入中的成本高达85元, 用工难、用工贵、利润薄等问题逐渐暴露, 也受到了国家相关部门的重视。

(4) 有效需求不足。就2012年国内情况来看, 虽然一直在实行扩大内需的政策, 但由于前期经济增长结构不合理、片面追求发展速度等问题, 内需拉动还是显得有些疲软。

全年固定资产投资 (不含农户) 364 835亿元, 比上年名义增长20.6% (扣除价格因素实际增长19.3%), 增速比上年回落3.4%, 回落速度也是比较快的。

在商品零售中, 限额以上企业商品零售额93 330亿元, 增长14.8%。其中, 汽车类增长7.3%, 增速比上年回落7.3个百分点; 家具类增长27.0%, 回落5.8%; 家用电器和音像器材类增长7.2%, 回落14.4个百分点。12月份, 扣除价格因素社会消费品零售总额实际增长13.5%, 环比增长1.53%。

居民消费增长放缓。经济增长回落对消费信心和部分人群的就业会造成一定影响，对消费增长会产生不利影响。1—11月份，社会消费品零售总额186 833亿元，同比名义增长14.2%，扣除价格因素实际增长12%。比上年同期回落3.1%。要想真正树立人们的消费信心，还需要完善社会保障制度，改变经济发展方式，真正做到让人们"敢花钱"。

（5）经济下行压力依然较大。未来国际形势依然复杂、不容乐观，世界经济还处于恢复期，前景不被看好。据IMF（国际货币基金组织）预测，2012年全球贸易量将增长4.0%，比2011年放缓1.8%。这使得实体经济、小微企业面临非常大的挑战和考验。另外，国内经济调整已进入关键时期，经济结构的调整、发展战略的调整，都会在一定程度上影响企业的发展、经济的进步。

2. 股市整体表现

（1）沪市整体表现。2013年4月27日，沪市上市公司2012年年度报告已全部披露，954家上市公司如期发布了年度报告。

整体业绩与2011年相比没有大幅变动，净资产收益率略有下降。数据显示，2012年，954家上市公司实现加权平均每股收益0.55元，每股净资产4.05元，每股经营活动产生的现金流量净额1.29元，净资产收益率13.53%。与2011年相比，每股收益基本相同，每股净资产增长10.36%，每股经营活动产生的现金流量净额为30.31%。净资产收益率有所下降，下降比例达到9.74%。

从营业收入、营业利润、归母净利润等指标来看，略高于2011年。大盘蓝筹股业绩表现超出沪市整体水平，盈利能力高出市场平均水平。上证50公司每股收益为0.71元，上证180公司每股收益为0.64元，水平均高于沪市整体表现。

虽然整体上表现还可以，但亏损公司依然不能忽视。2012年，沪市亏损公司共有110家，占比超过10%，达到11.53%，比2011年有所上升。亏损公司中，有13家公司因连续2年亏损被实施退市风险警示，有2家公司因连续3年亏损将被暂停上市。另外，实现扭亏为盈的企业共有57家，数据比例略高于2011年。

（2）深市整体表现。2013年4月30日，1 538家深交所上市公司披露了2012年年报，其中主板企业482家，中小企业板企业701家，创业板企业355家。整体来看，上市公司营业收入基本保持增长态势，利润增长承压。但上市公司的发展也面临一定的经营困难，少数行业与公司出现经营困境，甚至被退市。

2012年深交所上市公司营业收入小幅增加但净利润下降。去除金融行业，上市公司净资产收益率也在不断下降，相比于2010年下降3.43%，只有8.43%。

从数据来看，深交所上市公司平均营收同比增长4.71%，其中主板增长率为1.8%、中小板增长率为10.36%，创业板增长率达到15.69%。净利润方面，共770家上市公司净利润增长，占比超过50%。但从平均净利润角度看，深交所上市公司平均净利润出现负增长，同比下降超过11.5%。更为严峻的是，上市公司亏损面及亏损程度均有不同程度的扩大。

2012年，共112家深市上市公司亏损，比上年增加32家，亏损公司占比达到7.28%，较去年增长2%。平均亏损金额达到2.86亿元，比上年2.07亿元高出0.79亿元。亏损上市公司平均营收为51.61亿元，远高于2011年的25.71亿元。

5.4.3 主要事件

1. 发布《金融业发展和改革"十二五"规划》

2012年9月17日，中国人民银行、银监会、证监会、保监会、国家外汇管理局共同编制的《金融业发展和改革"十二五"规划》正式发布。

规划对"十一五"期间金融业发展和改革的主要成就进行回顾与总结，同时对"十二五"时期金融业发展和改革的指导思想、目标和政策进行分析与展望。

规划从改善金融调控、完善组织体系、建设金融市场、深化金融改革、扩大对外开放、维护金融稳定、加强基础设施七个方面明确了"十二五"期间金融业发展和改革的任务与目标。

金融业"十二五"规划, 是国务院批准的"十二五"专项计划之一, 对金融业的发展有重要意义, 为下一阶段金融改革发展提出了目标, 指明了方向, 规划了路线, 对完善金融体系、升级金融体制机制、促进金融业持续发展、维护金融安全发挥了至关重要的作用。

2. 发布《商业银行资本管理办法(试行)》

2012年6月8日, 中国银监会发布《商业银行资本管理办法(试行)》, 并宣布在2013年1月1日正式实施, 以下简称《管理办法》。

此次《管理办法》分别对资本定义、监管资本要求、资本充足率、操作风险加权资产计量、商业银行内部资本充足评估程序等事项进行了规范。

为稳妥推进《管理办法》, 银监会还不断制定、出台、更新相关配套措施, 分别在十月和十二月下发《关于商业银行资本工具创新的指导意见》和《关于实施〈商业银行资本管理办法(试行)〉过渡期安排相关事项的通知》, 拓宽商业银行资本渠道来源, 并对商业资本管理进行过渡期安排。

总体来看, 新的资本监管体系能够与国际金融监管改革的标准保持一致, 还体现出对银行业审慎经营、提升服务实体经济能力的客观要求。

资本新规短时期内可能会对银行业产生一定的冲击, 但从长远来看, 有利于规范银行业发展, 提升银行业整体经营能力与水平。

3. 上证综指重回"1时代"

2012年, A股市场持续震荡下跌, 到11月27日, 上证收盘指数跌破2000点, 报收1991.17点, 重回"1时代"。12月4日, 盘中甚至出现1949.46点的年内新低。

A股市场总市值累计蒸发4.3万亿元, 若按保守估计, 股民数量为5 600万人,人均亏损将高达7.68万元。

股市的持续走低, 并不仅仅是因为国际环境的影响。股市的低迷, 是由很多方面共同造成的, 上市公司的整体表现较弱; 投资者不够理性, 机构投资者数量少、散户数量多、心态不成熟; 股市违法违规行为依然存在, 且犯罪成本较低。

2012年大盘走势见下图。

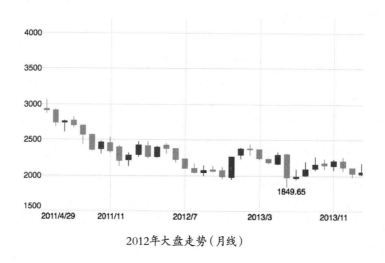

2012年大盘走势 (月线)

4. 正式启动新退市制度

2012年6月28日, 沪深交易所同时发布关于退市制度的新改革方案, 连续三年净资产为负, 或者连续三年营业收入低于1 000万元, 或连续20个交易日收盘价低于股票面值的公司应终止上市。

2012年12月31日, *ST炎黄与*ST创智两家公司被终止上市, 这是自2007年联谊退市后A股市场再次出现的ST股退市。

退市制度的正式实施, 有利于推动股票市场与成熟市场的接轨, 是尊重市场机制和市场运作逻辑的做法, 不但有利于培养市场化的交易流程, 推动制度规范, 促进企业优胜劣汰, 还可以自主淘汰垃圾股, 重振市场信心, 让股市更加公开、公正, 一定程度上也会使投资者规避风险。

新规的关键在于执行, 对市场内所有企业一视同仁, 按照统一的标准执行, 给市场明确的信号, 优胜劣汰, 这样才能真正推动资源的优化配置, 发挥最大效用。

5.5　2013年(1月—6月)——流动性压力趋紧, 股市继续下探

2013年初至2月初, A股从2300点上冲至2400点, 随后便开始下跌。

2月26日, 国务院办公厅发布《国务院办公厅关于继续做好房地产市场调控工作的通知》(简称"国五条"), 提及扩大个人住房房产税改革试点范围; 2月28日, 在融资融券业务推出3年后, 转融券试点启动。

3月1日, 国务院颁布楼市调控"新国五条", 此次颁布的"新国五条"是针对国五条内容的具体补充, 其中提及"出售自有住房按20%征收个人所得税", 受此影响, 3月4日上证指数下跌3.65%, 深证成指下跌5.29%。

与此同时, 监管层开始整顿银行理财投资非标。

3月25日, 银监会下发《关于规范商业银行理财业务投资运作有关问题的通知》, 对银行理财资金投资"非标"进行了限制, 规定理财资金投资非标的余额不超过35%。

4月17日, 由严查"代持养券"引发的债市稽查风暴升级, 监管层对丙类户等将公司利益向个人利益输送的违规法行为进行监察, 多名证券公司债券负责人被公安机关调查拘留。

4月25日, 经中债公司通知, 信托产品、券商资管、基金专户开立银行间账户悉数被暂停。

5月7日, 中债公司要求结算代理人暂停丙类账户买债业务, 也对造成债券4月

风暴的缺陷做出了相应的措施。

这段时间虽然债市稽查风暴闹得沸沸扬扬, 但股票市场依然逆势上扬5%。

5月22日, 美联储首次释放退出量化宽松政策信号, 国际资本大举撤离新兴市场。受此影响, A股又开始了一轮下跌周期。

6月6日, 兴业银行和光大银行出现了60亿元交割违约。隔夜回购利率一度上涨至10%。时至6月中旬, 商业银行年中考核逼近, 流动性压力趋紧。

6月25日, 央行发表声明, 称近日已经向一些符合要求的金融机构提供流动性支持, 连续五周净投放资金量累计规模达到3 510亿元。

6月25日当天, 大盘下探至1849点, 创下2009年新低, 在短短的一个月内, A股下跌15%, 随后指数开始企稳反弹, 直至年底, 走出了V形走势的右侧。

2013年大盘走势见下图。

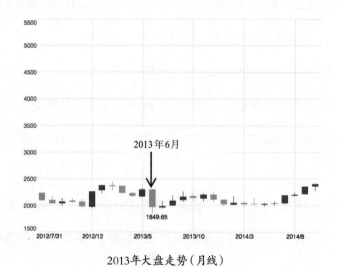

2013年大盘走势 (月线)

第6章

2013年6月至2015年6月，"改革牛"启动

货币政策的放宽和国家对创业创新的支持，2013年6月25日-2015年6月12日，市场再次迎来久违的牛市，沪指波动区间为1849.65点~5178.19点，涨幅达180%。本轮牛市又被称为"改革牛"，中小市值股票中出现了数不胜数的大牛股。

6.1 2013年（6月25日—年底），金融改革启动，为牛市埋下伏笔

纵观2013年，A股上证指数从2289点起步，最高上触2444点，最低下探到6月份的1849点，创出四年多来新低，之后反弹到2270点后再次回落到年底收盘2115点，整体波动并不算太大，年线也是一根阴线。

和全年表现为熊态的上证指数相反，创业板指数延续了去年12月初以来的上涨走势，一直在10月初创出了历史新高的1423点，本波行情以来翻倍有余。

中小板指数虽然没有创业板指数如此强势，总体趋势也比较稳健，涨幅也不错。同时，医药指数也实现了全年30%的涨幅。

2013年和历史股市相比，整个市场出现了结构市更加突出的特点，价值投资逐渐显现出重要性。

以金融股为代表的蓝筹股成为稳定大市的重要力量，虽然仍经常出现大幅上涨大幅下跌，过多地影响了指数，但长期来看，整体仍围绕价值中枢在上下波动。更重要的是，真正的高成长个股继续作为市场中的佼佼者，一直在稳健上涨。

2013年不断完善资本市场制度建设，A股市场本身也正逐渐走向规范与成熟，这一年不断出台的改革措施，让投资者依稀看到了未来市场慢牛的影子。

6.1.1 重大政策时间轴

2013年下半年围绕"监管与改革"各种政策密集出台，为未来的牛市打了良好的基础。

金融机构"钱荒"风波过后，A股开始企稳反弹，这段时间也是各种政策密集出台的一段时间。

7月3日，国务院常务会议通过《中国（上海）自由贸易试验区总体方案》。

7月19日，中国人民银行决定，7月20日起全面放开金融机构贷款利率管制，这标志着利率市场化改革迈出重要一步。

8月1日，营业税改征增值税试点正式推向全国。

8月24日，商务部通报近日国务院正式批准设立中国上海自由贸易区，引发上海本地股大涨。

这段时间A股缓慢上行，涨幅近15%。9月中旬至10月末，指数在2100~2200点维持窄幅震荡。

11月15日，十八届中央委员会第三次会议通过《中共中央关于全面深化改革若干重大问题的决定》。决定阐述了中国全面深化改革的重大意义，标志着从1978年开始中国改革开放进入新阶段。A股情绪高涨，从11月份开始一直涨到月末，涨幅4%。

11月30日，证监会发布《关于进一步推进新股发行体制改革意见》，表明逐步推进股票发行从核准制向注册制过渡，同时将重启IPO提上日程。

12月18日，美联储宣布，从2014年1月开始，将每月购买资产规模减少100亿美元。这一决定标志着美联储在金融危机后实施5年的量化宽松政策将逐步退出。

12月19日，银行间利率全线上涨，7天回购加权平均利率上涨至6.5%，再创6月底以来的新高。12月19日下午，中国银行间市场交易系统延迟半小时至17:00收市，这一幕在6月也曾上演，市场对新一轮"钱荒"的担忧情绪再度蔓延。

2013年末A股另一个重要的制度性创新就是新三板登上历史舞台。

12月14日，国务院发布《关于全国中小企业股份转让系统有关问题的决定》。

12月27日，《国务院办公厅关于进一步加强资本市场中小投资者合法权益保护工作意见》对外发布，同日证监会发布七项配套规则。这标志着新三板试点扩大至全国工作启动，当日上证综指大涨1.4%。

A股指数在重启IPO、美国推出量化宽松政策和金融机构又一次"钱荒"的阴影下在2013年的最后一个月持续下跌，跌幅5%。

6.1.2　经济形势

2013年全年GDP实际增速7.8%，增速比上年小幅下行0.1%；固定资产投资累计同比增速达到19.6%，较上一年回落1.0%，继续保持着较高的增长速度；工业增加值累计同比增速9.7%，增速较上年回落0.3%，全年工业企业利润总额同比增速1.5%，增速较上年小幅上升0.7%。社会消费品零售总额名义同比增速13.1%，增速比上年下降1.2%。

总体来看，2013年的各项经济增长指标基本与2012年持平，仅小幅微降。

2013年A股市场利润明显好转，各板块利润增速均由负转正。2013年全部A股归属母公司所有者净利润增速14%，较上一年提高13%，主板表现好于中小板和创业板。其中，主板利润增速15%，中小板增速3%，创业板利润增速11%。

在业绩明显提升的情况下，2013年指数总体估值是大幅下降的。以上证综指计算，2013年底全年市盈率PE（TTM）为9.7倍，较2012年底大幅下降17%。

6.1.3　主要事件

1. 新三板推出

2013年底，新三板正式推出，成为中国第三大证券交易所，打出了资本市场改革关键的一张牌。

三板市场起源于2001年"股权代办转让系统"，最早承接两网公司和退市公司，称为"老三板"。

在2000年，为解决主板市场退市公司与两个停止交易的法人股市场公司的股份转让问题，由中国证券业协会出面，协调部分证券公司设立了代办股份转让系统，被称为"三板"。由于在"三板"中挂牌的股票品种少，且多数质量较低，要转到主板上市难度也很大，因此很难吸引投资者，被冷落多年。

为了让更多的高科技成长型企业提供股份流动的机会，中国证监会、科技部发起和组织，并经国务院批准在北京中关村科技园区建立了新的股份转让系统，2006年，中关村科技园区非上市股份公司进入代办转让系统进行股份报价转让，称为"新三板"。

企业在"新三板"挂牌的要求高于"老三板"，同时交易规则也有变化，新三板与老三板最大的不同是配对成交，设置30%幅度，超过此幅度要公开买卖双方信息，而且只允许机构投资者参与。

新三板有超过300家北京中关村挂牌公司。政策支持和IPO预期，是资金蜂拥新三板的最大动力。

2012年，经国务院批准，决定扩大非上市股份公司股份转让试点，首批扩大试点新增上海张江高新技术产业开发区、武汉东湖新技术产业开发区和天津滨海高新区。

2013年12月14日，国务院发布《关于全国中小企业股份转让系统有关问题的决定》。2013年12月27日，《国务院办公厅关于进一步加强资本市场中小投资者合法权益保护工作意见》对外发布，同日证监会发布七项配套规则，这标志着新三板试点扩大至全国工作启动，当日上证综指大涨1.4%。

2013年12月31日起股转系统面向全国接受企业挂牌申请。

至此，新三板不再局限于中关村科技园区非上市股份有限公司，也不再局限于天津滨海、武汉东湖及上海张江等试点地的非上市股份有限公司，而是全国性的非上市股份有限公司股权交易平台，主要针对的是中小微型企业。

《国务院关于全国中小企业股份转让系统有关问题的决定》（以下简称《国务院决定》）明确了新三板的定位主要是为创新型、创业型、成长型的中小微企业发展服务。这类企业普遍规模较小，尚未形成稳定的盈利模式。在准入条件上，不设财务门槛，申请挂牌的公司可以尚未盈利，只要股权结构清晰、经营合法规范、公司治理健全、业务明确并履行信息披露义务的股份公司均可以经主办券商推荐申请在全国股份转让系统挂牌。

新三板的存在，使得高新技术企业的融资不再局限于银行贷款和政府补助，更多的股权投资基金将会因为有了新三板的制度保障而主动投资。

新三板的存在，使得价值投资成为可能。无论是个人还是机构投资者，投入新三板公司的资金在短期内不可能收回，即便收回，投资回报率也不会太高。因此对新三板公司的投资更适合以价值投资的方式进行。

新三板制度的确立，使得挂牌公司的股权投融资行为被纳入交易系统，同时受到主办券商的督导和证券业协会的监管，自然比投资者单方力量更能抵御风险。

对于投资新三板挂牌公司的私募股权基金来说，成为一种资本退出的新方式，挂牌企业也因此成为私募股权基金的另一投资热点。

新三板交易制度改革就等于多了一个大市场。对于A股来说，肯定会分流一部分资金。虽然短期挂牌的企业是通过定向增发来融资，但是随着挂牌企业越来越多，融资规模也就会越来越大，肯定会吸走市场的一部分资金。

随着新三板市场的逐步完善，我国将逐步形成由主板、创业板、场外柜台交易网络和产权市场在内的多层次资本市场体系。

2. 光大证券"乌龙指"事件

2013年8月16日11点05分上证指数出现大幅拉升，大盘一分钟内涨超5%。最高涨幅5.62%，指数最高报2198.85点，盘中逼近2200点。11点44分上交所称系统运行正常。14点，光大证券公告称策略投资部门自营业务在使用其独立的套利系统时出现问题，有这一事件被称为"光大证券乌龙指事件"。

8·16光大证券乌龙指事件经过：

2013年8月15日，上证指数收于2081点。

2013年8月16日，上证指数以2075点低开，到11点为止，上证指数一直在低位徘徊。

2013年8月16日11点05分，多只权重股瞬间出现巨额买单。大批权重股瞬间被一两个大单拉升之后，又跟着涌现出大批巨额买单，带动了整个股指和其他股票的上涨，以致多达59只权重股瞬间涨停。指数的第一波拉升主要发生在11点05分到11点08分之间，然后出现阶段性的回落。

2013年8月16日11点15分起，上证指数开始第二波拉升，这一次最高摸到2198点，在11点30分收盘时收于2149点。

上午的A股大幅上涨，源于光大证券自营盘70亿元的"乌龙指"。

2013年8月16日13点，光大证券公告称因重要事项未公告，临时停牌。

2013年8月16日14点23分左右，光大证券发布公告，承认套利系统出现问题，公司正在进行相关核查和处置工作。有传闻称光大证券方面下单230亿元，成交

72亿元，涉及150多只股票。

2013年8月16日16点27分左右，中国证监会通气会上表示："上证综指瞬间上涨5.96%，主要原因是光大证券自营账户大额买入，目前上交所和上海证监局正抓紧对光大证券异常交易的原因展开调查。"

"光大证券乌龙指事件"触发原因是系统缺陷。

光大证券策略投资部使用的套利策略系统出现问题，该系统包含订单生成系统和订单执行系统两个部分。核查中发现，订单执行系统针对高频交易在市价委托时，对可用资金额度未能进行有效校验控制，而订单生成系统存在的缺陷，会导致特定情况下生成预期外的订单。

由于订单生成系统存在的缺陷，导致在11时05分08秒之后的2秒内，瞬间重复生成26 082笔预期外的市价委托订单；由于订单执行系统存在的缺陷，上述预期外的巨量市价委托订单被直接发送至交易所。

问题出自系统的订单重下功能，具体错误是：11点02分时，第三次180ETF套利下单，交易员发现有24只个股申报不成功，就想使用"重下"的新功能，于是程序员在旁边指导着操作了一番，没想到这个功能没实盘验证过，程序把买入24只成分股写成了买入24组180ETF成分股，结果生成巨量订单。

该策略投资部门系统完全独立于公司其他系统，甚至未置于公司风控系统监控下，因此深层次原因使多级风控体系都未发生作用。

多级风控体系包含以下四个层面，见下表。

多级风控体系

风控级别	风控内容
交易员级	对于交易品种、开盘限额、止损限额三种风控，后两种都没发挥作用
部门级	部门实盘限额 2 亿元，当日操作限额 8 000 万元，都没发挥作用
公司级	公司监控系统没有发现 234 亿元巨额订单，或者动用了公司其他部门的资金来补充所需头寸来完成订单生成和执行，或者根本没有头寸控制机制
交易所	上交所对股市异常波动没有自动反应机制，对券商资金越过权限的使用没有风控，对个股的瞬间波动没有熔断机制

传统证券交易中的风控系统交易响应最快以秒计，但也远远不能适应高频套利交易的要求，例如本事件中每个下单指令生成为4.6毫秒，传统IT技术开发的风控系统将带来巨大延迟，这可能也是各环节风控全部"被失效"的真实原因。

光大证券在事发当日下午1时即停牌；上交所、中金所、证监会当天收盘后即有公告和表态；随后的周末证监会进一步公布初步调查结果。

2013年8月20日，光大证券收到中国银行间市场交易商协会《关于开展非金融企业债务融资工具主承销业务规范自查》的通知，称光大证券这几日出现的交易异常事件反映出公司在内控合规、风险管理等方面存在重大问题，不符合交易商协会关于主承销类会员应建立健全风险管理和内部控制制度的自律管理相关要求，决定暂停其非金融企业债务融资工具主承销业务。

证监会2013年8月30日召开新闻发布会，证监会发言人表示，对光大证券作出没收违法所得，罚款5倍是适当和依法的，相关法条规定，可没收所得，并处1到5倍罚款。依据证监会调查及邀请专家共同论证，共同结论是应对光大证券依法追究行政责任，并对涉及的所有违法行为进行处罚，包括券商内控法律法规的责任等，该案并未移送司法机关。

2013年8月22日，光大证券第三届董事会第十四次会议审议通过议案，同意接受光大证券总裁徐浩明提出的辞去公司董事、总裁职务的申请，光大证券董事长袁长清将代行公司总裁职责。公司股票午后临时停牌，23日复牌。

6.2 2014年，久违的牛市行情

2014年A股摆脱了连续几年的低迷局面，一举以52%的年涨幅走出了熊市的阴影。

2015上半年继续高歌猛进，以32%的夺目涨幅赢得了全球的瞩目。牛市成为A股市场的新气象，A股市场一派繁荣景象。

2014年的一个重要特征就是IPO大幅增加。2014年1月17日，IPO时隔一年多后重启，新股密集发行。1月24日，266家创业板公司挂牌交易，创业板迎来了史无前例的大扩容，新上市的股票受到追捧。与此同时，新三板的扩容也分流了本就稀缺的流动性。

1月中旬至2月中旬股市整体处于小幅反弹周期，指数上涨了6%左右，但随后受到人民币汇率急速贬值的影响开始反转下跌。

2月19日，人民币对美元汇率中间价大跌91个基点，2月20日，人民币对美元汇率中间价再跌43个基点，至此，人民币对美元汇率中间价已经连续3个交易日持续回调，三日累计下跌154个基点。受此影响，上证综指2月19日~25日连续下跌，跌幅高达5%。

5月9日，国务院印发《关于进一步促进资本市场健康发展的若干意见》（简称"新国九条"），提出积极稳妥推进股票发行注册制改革，加快多层次股权市场建设，完善退市制度，支持有条件的互联网企业参与资本市场，促进互联网金融

健康发展。受此消息提振，5月12日周一，上证综指涨幅高达2.1%。

3月—7月虽有沪港通试点、新国九条发布等多项重要政策出台，但市场反应相对平淡，A股整体走势平缓。

11月21日央行宣布，采取非对称的方式下调金融机构人民币贷款和存款基准利率，这是央行自2012年7月之后首度降息。股市对于降息反应强烈，金融、地产、周期性等板块合力上涨，指数从11月21日至年末涨幅高达30%。

6.2.1 重大政策

2014年中国人民银行的货币政策动作频频。

一是出现了"定向降准"，中国人民银行于2014年4月和6月，分别下调了县域农村商业银行和农村合作银行人民币存款准备金率2%和0.5%，对符合审慎经营要求且"三农"或小微企业贷款达到一定比例的商业银行下调人民币存款准备金率0.5%。此外，下调财务公司、金融租赁公司和汽车金融公司人民币存款准备金率0.5%。

二是年底降息，直接引发了2014年底的股票行情。中国人民银行于2014年11月22日采取非对称方式下调金融机构人民币贷款利率和存款基准利率。其中，一年期贷款基准利率下调0.4个百分点至5.6%；一年期存款利率下调0.25%个百分点至2.75%。

2014年11月降息是比较出乎市场意料的，因为在一年前，央行还非常坚定地收紧货币，避免因为货币宽松政策使得金融系统中存在的各种问题进一步蔓延。

三是央行进行了很多公开市场操作工具的创新。2014年4月25日，中国人民银行创设抵押补充贷款（PSL）为开发性金融支持"棚户区改造"提供长期稳定、成本适当的资金来源。9月，中国人民银行创设中期借贷便利（MLF），对符合宏观审慎管理要求的金融机构提供中期基础货币，中期借贷便利利率发挥中期政策利率的作用，促进降低社会融资成本。

6.2.2　经济形势

2014年全年中国GDP实际增速7.3%，增速比上年下降0.5%；固定资产投资累计同比增速15.7%，较上年回落3.9%，投资增速明显下滑，工业增加值累计同比增速8.3%，增速较上年下降1.4%，全年工业企业利润总额同比增速8.5%，增速较上年上升7.0%，这是主要经济增长指标中增速唯一上升的一个。社会消费品零售总额名义同比增速12.0%，增速比上年下降1.1%。

2014年的经济指标与2013年相比出现了下滑的态势，这其中特别是固定资产投资中的房地产投资增速，出现了明显的下滑。2014年房地产开发投资累计同比增速10.5%，较上一年大幅下滑了9.3%。

2014年A股上市公司利润较上一年出现了结构性改善，也是中小板和创业板业绩爆发的一年。2014年全部A股上市公司归属母公司所有者利润增速6%，较上一年下降8%。其中主板利润增速6%，较上一年下降9%，而中小板利润增速较上一年提高15%达到18%，创业板更是实现了25%的高增长。

在整体业绩下降的同时，指数的估值水平大幅上升。以上证综指计算，2014年底全年市盈率PE（TTM）为14.2倍，较2013年底大幅上升47%。

6.2.3　主要事件

1. 沪港通试点

沪港通是指上海证券交易所和中国香港联合交易所允许两地投资者通过当

地证券公司（或经纪商）买卖规定范围内的对方交易所上市的股票，是沪港股票市场交易互联互通机制。

沪港通由中国证监会在2014年4月10日正式批复开展互联互通机制试点。证监会指出，沪港通总额度为5 500亿元人民币，参与港股通个人投资者资金账户余额应不低于人民币50万元，港通正式启动需6个月准备时间。

沪港通包括沪股通和港股通两部分，沪港通的内容见下表。

沪港通的内容

名　　称	内　　容
沪股通	指投资者委托中国香港经纪商，经由中国香港联合交易所设立的证券交易服务公司，向上海证券交易所进行申报（买卖盘传递），买卖规定范围内的上海证券交易所上市的股票
港股通	指投资者委托内地证券公司，经由上海证券交易所设立的证券交易服务公司，向中国香港联合交易所进行申报（买卖盘传递），买卖规定范围内的中国香港联合交易所上市的股票

试点初期，沪股通的股票范围是上海证券交易所上证180指数、上证380指数的成分股，以及上海证券交易所上市的A+H股公司股票。港股通的股票范围是中国香港联合交易所恒生综合大型股指数、恒生综合中型股指数的成分股和同时在中国香港联合交易所、上海证券交易所上市的A+H股公司股票。双方可根据试点情况对投资标的范围进行调整。

试点初期，中国香港证监会要求参与港股通的境内投资者仅限于机构投资者，证券账户及资金账户余额合计不低于50万元的个人投资者。

此前联合公告对沪港两市每日沪港通交易分别设定了130亿元及105亿元的上限。该"上限"并非指每日流入总额上限，而是每日买卖之差不能超过的上限，即每日买卖之差不能超过联合公告指出的上限，以保证人民币的流入、流出量基本平衡。

沪港通是中国资本市场对外开放的重要内容，有利于加强两地资本市场联系，推动资本市场双向开放，具有以下方面的积极意义：

（1）有利于通过一项全新的合作机制增强我国资本市场的综合实力。沪港通可以深化交流合作，扩大两地投资者的投资渠道，提升市场竞争力。

（2）有利于巩固上海和香港两个金融中心的地位。沪港通有助于提高上海、香港两地市场对国际投资者的吸引力，有利于改善上海市场的投资者结构，进一步推进上海国际金融中心建设。

2. 上交所发布新修订《股票上市规则》

10月19日，上海证券交易所发布了新修订的《股票上市规则》(以下简称"《上市规则》")。修订后的《上市规则》于2014年11月16日起施行。

本次修订的重点和亮点主要是两个方面：

一是健全上市公司主动退市制度，充分尊重并保护市场主体基于其意思自治作出的退市决定，为建立更顺畅的"能上能下"的退市机制提供了基础和空间。

二是新增重大违法公司强制退市制度，将投资者和市场反应最强烈的欺诈发行和上市公司重大信息披露违法等严重违规事件，纳入强制退市情形，并明确了相应的暂停上市和终止上市要求。

为了防止涉嫌重大违法公司的相关主体在被立案稽查后，通过二级市场减持股份，逃避依法应承担的违法违规责任，新《上市规则》中新增关于限制涉嫌重大违法公司的相关主体减持股份行为的规定。新《上市规则》要求，相关责任主体在中国证监会立案稽查后，在形成案件调查结论之前，应当遵守公开承诺，暂停转让其拥有权益的股份，并就此明确了具体实施程序，以确保相关责任主体在需承担责任时有相应的财产可供补偿受害的投资者，保护投资者合法权益。

保护中小投资者合法权益主线贯穿本次退市制度改革的各个环节。

6.3　2015年（1月—5月），杠杆牛

2015年1月初中国证监会处罚融资融券违规券商，这使得2014年末的牛市行情告一段落，此后市场一直处于不温不火的状态。央行在2月4日、28日连续宣布"双降"，市场反应平平。

两会之后，市场开始走出单边上行的牛市行情。诸多改革措施如国企改革、多层次资本市场体系建设、"互联网+"等，为市场提供了信心和题材；另外，财政部发文确认置换1万亿元地方债，深港通提上日程及养老金有望入市等实质性政策利好不断。

市场在4月底经历小幅上调后再次上冲5000点。

与此同时，投资者通过融资融券加杠杆也是导致此轮行情快速上涨的直接原因。许多资金通过两融加大杠杆进场。杠杆资金的存在极大地提高了股市的波动，使得涨跌趋势不断被强化，助涨杀跌情绪蔓延。

5月28日，沪深两市出现大幅调整，上证综指当天下跌6.5%，跌幅达321点，市场遭遇"千股跌停"。随后继续上冲超过500点。

2015年大盘走势见下图。

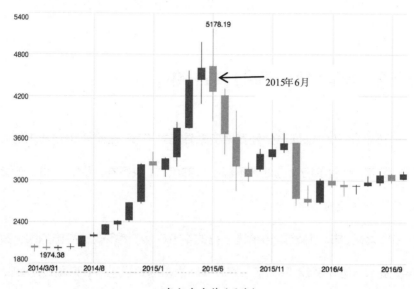

2015年大盘走势（月线）

第7章

2015年6月至2016年1月，千股跌停开启的熊市

2015年6月12日—2016年1月27日，市场再次进入熊市，沪指波动区间为5178.19点~2638.30点，跌幅达49%。

市场甚至出现了连续千股跌停的极端行情，部分高杠杆入市的投资者损失惨重。

7.1 2015年（6月12日—年底），严查场外资金，熊市开启

6月2日，中国证监会发布《证券公司融资融券管理办法（征求意见稿）》，旨在解决前期杠杆资金导致的市场过快上涨，建立逆周期的市场调节机制，要求券商清理场外配资相关业务。这一政策引发市场恐慌，A股指数开始迅速下行，实际意义的"剧烈下跌"发生。

市场下跌初期，仍以主动去杠杆为主，后期股市持续下跌导致大面积的杠杆资金被动强行平仓并使得市场恐慌情绪升级，资金出逃和基金赎回接踵而至，进一步加剧流动性危机和市场的恐慌情绪。由于股票下跌过于剧烈，投资者无法通过减仓控制损失，只能依靠股指期货对冲降低损失，加剧市场下跌的趋势。

6月27日，中国人民银行进行了"双降"，并根据证金公司的需求向其提供充足的再贷款等流动性支持。同时中国证监会暂停了IPO，券商也出资购买股票。

7月1日，中国证监会发布《证券公司融券业务管理办法》，提出可展期、不强平、扩大证券公司融资渠道，并降低A股的交易结算费用。

7月5日，汇金公告称在二级市场买入交易型开放式指数基金（ETF），并将继续买入。

在一系列救市方案的推动下，市场恐慌情绪才有所缓解。

8月11日，人民币汇改启动，汇率中间价瞬间贬值幅度超过3%，同时海外股市不佳，以上因素开启了A股的第二轮回调。

第二轮回调的下跌速度同样十分猛烈，而监管层的救市行动也更加积极直接。

8月23日，国务院发布《基本养老保险基金投资管理办法》，明确养老金投资股票、股票基金、混合基金、股票型养老金产品的比例，合计不得高于养老金资产

净值30%，关于养老金入市的政策传闻终于落地。

8月25日，央行时隔两个月后再次宣布"双降"；同时，中金所出台措施抑制股指期货市场过度投机。

一系列的救市措施平稳了市场情绪，同时海外股市回暖，A股市场止跌回稳。

11月到12月这一段时间，金融反腐和制度完善成为监管层的工作重心，指数从3000点左右缓慢震荡上行，波动幅度较前一段大为降低。

7.1.1　重大政策

1. 货币政策

2015年央行的货币政策进一步放松。

首先是降准，2015年中国人民银行5次下调整存款准备金利率，包含4次普遍降准和5次定向降准，累计普遍下调金融机构存款准备金率2.5%，累计额外定向下调金融机构存款准备金率0.5%至6.5%。

其次是降息。2015年中国人民银行连续5次下调金融机构人民币存贷款基准利率。其中，金融机构一年期贷款基准利率累计下调1.25%至4.35%；一年期存款基准利率累计下调1.25%至1.5%。

最后是大幅降低货币资金利率。2015年，配合存贷款基准利率下调，央行公布市场7天期逆回购操作利率先后9次下行，年末操作利率为2.25%，较年初下降160个基点。

2. 人民币加入SDR

2015年可以载入金融史的大事件是人民币SDR（特别提款权）。

我在这里重点解释一下SDR的含义，SDR包含两个经济术语：特别提款权和货币篮子。

特别提款权（Special Drawing Rights, SDR）由IMF于1969年创造，是一种用于补充IMF成员国官方储备的国际储备资产。

一篮子货币（Basket of Currencies）是指作为设定汇率参考的一个各国货币组合，是由多种货币按一定比重所构成的一组货币，这个组合好比一个盛放各种货币的"篮子"，其中某一种货币在组合中所占的比重通常以该货币所在国在国际贸易中的重要性为基准。

SDR在创立时曾与黄金直接挂钩，但在1974年7月，IMF宣布SDR与黄金脱钩，改用16种货币组成的货币篮子作为定值标准。

1980年9月，IMF又宣布将"货币篮子"中的货币简化为5种国家货币，即美元、德国马克、日元、法国法郎和英镑。

1999年欧元诞生之后，SDR货币篮子简化为现在的美元、英镑、日元和欧元四种货币，它们所占权重分别为41.9%、11.3%、9.4%和37.4%。

该货币篮子的价值由以上四种货币的当期汇率确定。截至2015年5月31日，所有成员国共拥有SDR总额为2041亿，其中美国拥有421亿SDR，英国拥有107亿SDR，日本拥有156亿SDR，中国拥有95亿SDR。

SDR货币篮子每五年复审一次，以确保篮子中的货币是在国际交易中具有代表性的货币，并且确保货币构成如实反映所含货币在国际贸易和金融体系中的所占权重。

2015年12月1日凌晨1点，IMF（国际货币基金组织）正式宣布，人民币2016年10月1日加入SDR（特别提款权）。距离上一轮评估历时整整五年，IMF终于批准人民币进入SDR。

人民币进入SDR将是中国经济融入全球金融体系的重要里程碑，将会对中国的金融改革和人民币汇率走势产生重要影响。同时, 人民币将成为与美元、欧元、英镑和日元并列的第五种SDR篮子货币。

人民币纳入SDR标志着IMF对人民币作为自由可使用货币的官方背书, 同时也标志着中国在国际金融市场中日益凸显的重要性得到了国际认可, 这还将进一步推动中国国内金融改革及资本项目开放进程。

同时, 人民币加入SDR, 有利于提升新兴市场国家在国际金融领域的话语权, 对于普通百姓而言, 从长期看, 人民币加入SDR以后将可以直接用人民币在境外旅游、购物、投资, 降低汇兑成本并避免汇率风险。

人民币成功加入SDR, 对于中国和世界是双赢的结果, 既代表了国际社会对中国改革开放成就的认可, 有利于助推人民币国际化进程稳步向前, 促进我国在更深层次和更广领域参与全球经济, 也有利于增强SDR自身的代表性和吸引力, 完善现行国际货币体系。

3. 股票发行注册制改革

股票发行注册制主要是指发行人申请发行股票时, 必须依法将公开的各种资料完全准确地向证券监管机构申报。证券监管机构的职责是对申报文件的全面性、准确性、真实性和及时性做形式审查, 不对发行人的资质进行实质性审核和价值判断而将发行公司股票的优劣留给市场来决定。

注册制的核心是只要证券发行人提供的材料不存在虚假、误导或者遗漏即可上市。

2013年11月15日发布的《中共中央关于全面深化改革若干重大问题的决定》提出, 健全多层次资本市场体系, 推进股票发行注册制改革, 多渠道推动股权融资, 发展并规范债券市场, 提高直接融资比重。

这是股票发行注册制首次列入中央文件, 将对我国资本市场带来重大影响。

A股市场化进程中的最大障碍就是对股票发行的过度行政干预。近一两年来，市场对实行注册制的呼声很高，监管层也多次透出未来要推行注册制的信号。

值得注意的是，股票发行由审核制向注册制过渡，并不意味着发行标准的降低和监管的放松。相反，注册制对事后监管提出了更高要求，需要以更加严格的监管维护市场健康运行。这要求证监会的职责随之发生根本性变化，监管重心后移。证监会需要把更多精力由审批转移到查处市场违规行为、打击证券犯罪和维护市场等方面。

虽然注册制的真正实施还有待证券法的修改，但注册制带给资本市场的变革已经可以预期。理顺关系，属于市场调节的交给市场，需要监管的交给监管，资本市场的活力将由此得到释放。

在2013年11月30日，中国证监会发布《中国证监会关于进一步推进新股发行体制改革的意见》，这是逐步推进股票发行从核准制向注册制过渡的重要步骤。

市场普遍认为，注册制对市场影响有四大利好，一大利空。长远来看，注册制将减少为权力寻租买单、减少波动、强化价值投资，这对中小投资者带来的好处要大于其损失。

7.1.2 经济形势

2015年中国GDP实际增速6.9%，增速比较上年继续下行0.4%，中国经济增速跌破7%，进入"6时代"；固定资产投资累计同比增速达到10.0%，较上一年大幅回落5.7%，投资增速出现了严峻的下滑态势。其中，制造业投资、房地产开发投资、基建投资增速全面下行，房地产开发投资增速在2014年已经大幅下滑9.3%的基础上，2015年进一步大幅下滑9.5%，基本接近零增长。

工业增加值累计同比增速6.1%，增速较上一年下降2.2%，全年工业企业利润总额同比增速-2.9%，增速较上一年大幅回落11.4%，是自1999年以来工业企业利润增速首次出现负增长。社会消费品零售总额名义同比增速10.7%，增速比上年下降1.3%。出口累计同比增速-2.9%，增速较上一年下滑9.0%，20世纪90年代以来除2009年外出口增速首次负增长。

2015年中国经济的通货紧缩进一步加剧，在产能过剩，油价大幅下跌、出口萎缩的背景下，CPI同比增速跌至1.4%，PPI同比增速更是出现了连续几十个月的同比负增长，从2015年8月至12月连续五个月PPI同比负增长高达5.9%。

通缩的直接结果是企业营收大幅缩减，利润严重下滑。根据国家统计局的数据，2015年几乎所有行业营业收入同比增速都是下滑的，约2/3行业利润总额同比增速是下滑的。

2015年上市公司的利润结构仍然是延续2014年的风格，中小板和创业板持续跑赢主板。2015年全部A股上市公司归属母公司所有者净利润增速-1%，较上一年下降7%。主板利润增速-2%，较上一年下降8%；中小板利润增速19%，较上一年提高1%；创业板利润增速21%，较上一年下降4%。

以上证综指计算，2015年底全年市盈率PE（TTM）在16.5倍，较2014年底上升16.5%，上证综指全年上涨6.5%。

指数估值的上升原因的主要有两个方面：一是货币放松导致利率大幅下降。2015年长端利率相对2014年大幅下降，年底的时候降低到3%以下。二是市场的一系列制度建设支撑市场信心，使制度红利带来了估值的溢价。

7.1.3　主要事件

2015年12月27日，十二届全国人大常委会第十八次会议在北京经表决，通过了关于授权国务院实施股票发行注册制改革中调整适用《中华人民共和国证券法》

有关规定的决定。

决定指出，为实施股票发行注册制改革，进一步发挥资本市场服务实体经济的基础功能，十二届全国人大常委会第十八次会议决定：授权国务院对拟在上海证券交易所、深圳证券交易所上市交易的股票的公开发行，调整适用《中华人民共和国证券法》关于股票公开发行核准制度的有关规定，实行注册制度，具体实施方案由国务院作出规定，报全国人大常委会备案。

决定指出，国务院要加强对股票发行注册制改革工作的组织领导，并就决定实施情况向全国人大常委会作出中期报告。国务院证券监督管理机构要会同有关部门加强事中、事后监管，防范和化解风险，切实保护投资者合法权益。

该决定的实施期限为两年，决定自2016年3月1日起施行。

与此同时，有业内人士称，注册制的落地出台的决定因素，除了具体事务工作的进度外，关键在于整个A股市场是否进入一段相对较长的稳定期或回升期，只有在市场情绪乐观的条件下，注册制的推进才可能加快。

7.2　2016（1月—1月27日），熔断机制引发千股跌停

2016年伊始，在A股熔断机制和新股申购新制度正式生效的第一个交易日，作为熔断机制的基准指数，沪深300指数先后触发了5%和7%的熔断阈值，股票现货和股指期货市场与2016年1月4日13时33分起暂停当日交易。指数熔断的同时，两市再现"千股跌停"。

指数3天后再次熔断。1月7日，早盘9点42分，沪深300指数跌幅扩大至5%，再度触发熔断线。恢复交易后仅3分钟，沪深300指数，再度快速探底，最大跌幅

7.21%，二度熔断触及阈值，同时创下了最快休市纪录。

1月7日，二度熔断当天，中国证监会发布了《上市公司大股东、董监高减持股份若干规定》（简称"减持新规"），根据新规要求，交易所需要规范大股东减持预披露行为，细化相关信息披露要求。要求大股东在3个月内通过证券交易所集中竞价交易减持股份的总数，不得超过公司股份的1%。

1月7日晚，上交所、深交所、中金所发布通知，为维护市场稳定运行，经中国证监会同意，自1月8日起暂停实施指数熔断机制。

截至1月28日，A股1个月下跌19.4%，最高单日跌幅高达7%。

第8章

2016年至2018年1月，结构性牛市，价值投资开启

2016年1月27日—2018年1月29日，这轮牛市是非常明显的结构性行情，沪指波动区间为2638.30点~3587点，涨幅超过35%，在结构性牛市行情下，大多数投资者并没有赚到钱。

8.1　2016年（1月27日—年底），注册制暂缓，牛市启动

进入2016年，继1月份大跌之后，监管层在制度革新方面的动作明显有所放慢，并出台各项维稳措施，指数也开始从底部反弹，持续了为期两个多月的上涨周期，涨幅达12%。

从7月底至12月初上证综指缓慢上行，其间在8月中旬至9月底有一波回调，整体涨幅9%。

2016年最后一个月指数又经历了一轮下调周期，下跌幅度大约为5%。

整体而言，经过2015年的牛熊转换后，2016年A股市场整体呈现探底缓慢回升的态势，但各大指数则出现明显分化。沪指险守3100点。截至收盘，2016年全年沪指下跌12.31%，深成指下跌19.64%、创业板指下跌27.71%。

随着单边下跌熊市的结束，市场步入中期震荡市，投资者风险偏好下降，更重视上市公司业绩的稳定性和确定性，价值股备受资金青睐并有着突出的市场表现。

值得一提的是，作为行业内的龙头，贵州茅台年内大涨53.38%，从2015年股市剧烈下跌后，贵州茅台就走出了独立行情，公司股价从166元左右的阶段低点开始，一路狂飙，2016年首次突破300元/股的大关，其后，2017年突破500元/股的大关，2019年站上900元/股的历史高位。

贵州茅台2015年至2019年走势见下图。

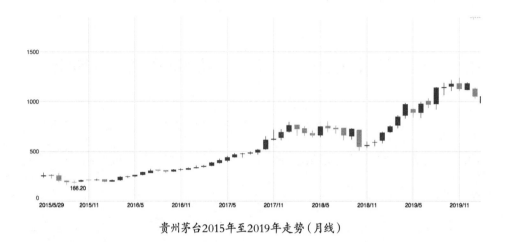

贵州茅台2015年至2019年走势（月线）

8.1.1 重大政策

1. 下调存款准备金利率

2016年2月29日，中国人民银行宣布，自3月1日起，普遍下调金融机构人民币存款准备金利率0.5个百分点，以保持金融体系流动性合理性充裕，引导货币信贷平稳适度增长，为供给侧结构性改革营造适宜的货币金融环境。

3月18日中国证券金融股份有限公司公告，自2006年3月21日起，中国证券金融股份有限公司恢复转融资业务，并下调各期限融资费率。随着两融业务的恢复，券商开始下调两融利率抢夺融资客户，这为A股杠杆资金的再度入场铺平了道路。

2. 监管趋严

4月21日晚，国内三大期货交易所出台措施，抑制交易过热，其中，上海期货交易所上调黑色系（煤炭、石油、钢铁等黑颜色的大宗商品）商品交易手续费，大连商品交易所调整铁矿石和聚丙烯品种手续费标准，郑州商品交易所发布风险提示函。随即黑色系下跌，A 股钢铁指数从 4 月 13 日开始，1 个月内下跌 15%。

6 月 17 日，中国证监会就修改《上市公司重大资产重组办法》向社会公开征求意见，"最严借壳新规"即将出台。

由于黑色系的大幅下跌和监管层对壳资源的明确态度，A 股又开启了一轮下跌周期，4 月份至 5 月中旬上证综指下跌了 19%。

9 月 9 日，中国证监会发布《关于修改〈上市公司重大资产重组管理办法〉的决定》，修订并购重组规则，进一步缩短上市公司停牌时间。

8.1.2　经济形势

2016 年中国 GDP 实际增速 6.7%，增速比上一年继续下行 0.2%，虽然 2016 年的中国经济实际 GDP 增速仍比上一年有所下滑，但是得益物价指数的回升，2016 年的名义 GDP 增速 7.9%，已经比上一年出现了 0.9% 的回升。

2016 年固定资产投资累计同比增速达到 8.1%，较上一年回落 1.9%，其中制造业投资和基建投资增速继续下滑，房地产开发投资增速有所反弹，2016 年达到 6.9%，增速比上一年提高 5.9%。社会消费品零售总额名义同比增速 10.4%，增速比上年下降 0.3%。出口累计同比增速为 -7.7%，增速较下一年下滑 4.8%。

2016 年上市公司的利润增速较上年明显改善，中小板和创业板业绩仍远远跑赢主板，而且环比改善的幅度也比较大，2016 年全部 A 股上市公司归属母公司所有者净利润增速 8%，较上一年提升 9%；主板利润增速 5%，实现了由负转正的翻身，较上一年提升了 7%；中小板利润增速 37%，较上一年提升了 18%；创业板利润增速 38%，较上一年提升了 17%。

2016 年上市公司业绩增速继上半年出现下滑之后，下半年出现大幅回升，而 2016 年指数总体的估值水平一直处于缓慢上升的通道。以上证综指计算，2016

年底全年的市盈率PE（TTM）为15.8倍，较2015年底上升4%。

8.1.3　主要事件

1. 博元投资被强制退市

2016年3月21日，上交所一纸公告将*ST博元判了"死刑"，博元公司成为因重大违法退市的第一股。

博元投资是A股"老八股"之一。1990年12月19日，上海证券交易所开始营业。当时，在市场上市交易的合计有申华电工、飞乐股份、浙江凤凰等八只股票。

这八只股票被市场称为"老八股"。博元投资的前身便是其中之一的浙江凤凰。

博元在登陆A股之初，公司控股股东为浙江兰溪市财政局。1994年6月3日，兰溪市财政局将控股股东位置让出。随后20年中，公司更换了数任控股股东。康恩贝集团、华源集团、华源生命、勖达投资轮番入主。

伴随着控股股东的变更，上市公司简称也经历浙江凤凰、华源制药、*ST华药、*ST源药、S*ST源药、ST源药、ST方源等多次更改。东家的每一次变化，又意味着上市公司主营业务的"改头换面"。

名为浙江凤凰之时，公司主营业务员为日用化工产品；名为华源制药时，公司当时主要从事维生素C原料药产销。

自2004年起，华源制药便陷入亏损的困境。公司的资金也出现了流动性危机，银行缩减贷款。

到2006年，所有的问题开始"发酵"起来。先是公司的实际控制人华源集团陷入流动性危机，面临战略重组；而作为公司大股东的华源生命同样被波及，其持有的上市股权遭冻结。

与此同时，上市公司则面临着因连续三年（2004年—2006年）亏损，遭暂停上市的局面。2006年9月，公司又因涉嫌违反证券法规遭证监会上海稽查局立案调查。

2007年5月，公司股票最终被上交所暂停上市。

为扭转危机，上市公司及控股股东便计划通过债务重组及资产重组，股权分置改革实现2007年盈利。此后，华源生命的持股被拍卖给了勋达投资（4250.25万股）及许志榕。

勋达投资控股后，随即对上市公司进行了资产重组。同时，上市公司也对原有的制药资产进行了剥离。公司"改行"做起了废旧轮胎回收成套设备制造。2008年7月，公司股票得以恢复上市；同年8月，公司简称由"ST源药"变更为"ST方源"。

成为ST方源控股股东没多久，勋达投资便迅速陷入困境之中。2008年12月，因上市公司与银行的借贷纠纷，勋达投资持有的ST方源3997.81万股股份遭司法冻结。此后，勋达投资控股方的资金也出现问题。

种种因素作用下，2010年5月，"ST方源"的公司迎来了华信泰的控股。由自然人余蒂妮控制的华信泰，通过拍卖的方式，获得公司21.003%股权，成为第一大股东。

2011年9月，"*ST方源"更名为博元投资。

截至2014年9月，华信泰持有公司1 997万股，持股比例为10.49%，仍为第一大股东。但是，华信泰的入主并未给公司带来实质性的利好。此后的数年间，在华信泰的主导下，博元投资接连展开多项资本运作举措，最终均未能取得预期效果。

　　根据勋达投资及许志榕在上市公司股权分置改革方案中所做承诺: 公司2008年、2009年两年累计归属于上市公司普通股股东的净利润不低于1亿元, 实际净利润与承诺净利润之间的差额部分将由勋达投资和许志榕以现金方式补足。

　　实际情况是, 2008年、2009年, 上市公司累计归属于上市公司股东的净利润与承诺业绩之间差额为5.27亿元。按照规定, 勋达投资和许志榕应在2010年5月10日前以现金方式补足。不过, 两者没有履行该承诺。

　　事实上, 勋达投资及许志榕当时也是"自身难保", 两者对上市公司持股当时面临着被拍卖的局面。而接盘勋达投资3 997.81万股持股的华信泰表态, 自愿代勋达投资履行标的股份对应的股改业绩承诺。

　　此外, 通过股权拍卖、司法划转等方式承接勋达投资及许志榕对上市公司剩余股权的辽源大成投资、林欢等也表态, 愿意履行竞得股份对应的股改业绩公开承诺。

　　但是在华信泰支付3000万元款项后, 上市公司便一直未收到剩余补偿款。在此情况下, 证监局、交易所接连发函, 对上市公司及相应责任人给予公开谴责等处罚, 并督促相关人履行承诺。

　　在监管层的督促下, 事情终于有了进展。

　　2011年4月29日, 博元投资曾发公告称, 已累计收到华信泰支付的股改业绩承诺款2.77亿元, 并收到华信泰代吴伟英、勋达投资、辽源大成投资、黄铮、吴为荣、林欢支付的股改业绩承诺款共计约1.6亿元, 两者合计约4.38亿元。至此, 华信泰承诺已履行完毕。

　　但事实上, 根据中国证监会的调查, 华信泰履行及代付的股改业绩承诺款

3.85亿元未真实履行到位。而为掩盖这一事实, 博元投资在2011年至2014年期间, 多次伪造银行承兑汇票, 虚构用股改业绩承诺资金购买银行承兑汇票、票据置换、贴现、支付预付款等重大交易, 并虚增资产、负债、营业收入和利润, 披露财务信息严重虚假的定期报告。

具体来看, 2011年—2013年报中, 博元投资分别虚增资产达3.47亿元、3.64亿元、3.78亿元, 分别占其同期总资产的69%、62%、62%; 虚增同期负债1 223万元、876.26万元、1 017万元。

此外, 博元投资还在2012年、2013年年报和2014半年报中, 虚增营业收入和利润1893万元、2364万元、317.4万元, 分别达到其同期实际净利润总额的90%、258%、1327%。

翻看博元投资2011年—2013年的年报均由公司编制, 而审计工作则交由中兴华富华会计师事务所 (2014年改名为中兴华会计师事务所) 注册会计师审计。

在这三份年度报告中, 都有这样的表述: 保证年度报告中财务报告的真实、准确、完整; 而负责审计的会计师则明确表示: 我们认为, 博元公司的财务报表已经按照企业会计准则的规定编制, 在所有重大方面公允反映了博元公司的财务状况和合并财务状况及经营成果和合并经营成果、现金流量和合并现金流量。

根据证监会的调查情况, 博元投资在这三年中的财务情况显然与中兴华会计师事务所会计师的审计结果相左。2015年1月初, 中兴华会计师事务所被证监会立案调查。

2. 深港通交易互联启动

8月16日, 国务院批准《深港通实施方案》, 深港通准备工作正式启动。然而,

8月中旬开始的关于"深港通"启动的一系列动作反而导致上证综指出现了一个半月的回调。

10月14日，中国证监会发布《证券基金经营机构参与内地与中国香港股票市场交易互联互通指引》，明确证券公司、公募基金管理人开展内地与中国香港股票市场交易互联互通机制下"港股通"相关业务的具体要求。

11月25日，中国证监会和香港证监会联合公告，决定批准深圳交易所、香港联合交易所有限公司等正式启动深港股票交易互联互通机制（简称"深港通"）。深港通下的股票交易12月5日开始。

8.2　2017年，一波三折的"慢牛"行情，价值投资成为主场

2015年、2016年，基本上可以认定为A股市场"去杠杆化""去泡沫化"的关键时间点，2017年A股稳步上升，全年上证50和沪深300指数年涨幅分别为25.08%、21.78%，表现突出；上证综指、深证成指涨幅分别为6.56%、8.48%，中小板指大涨16%，创业板全年震荡下跌10.67%。

2017年A股行情特征为占股票总数20%的大市值大盘蓝筹股连续上涨，其他80%的中小市值的股票连续下跌。

自2015年股市大幅下跌以后，市场逐渐抛弃题材股和亏损股，重视绩优股的价值投资。2017年市场强烈倾向于绩优、大盘蓝筹股，绩优股减亏损股指数的差值从2015年6月的687点上升至2017年的3641点，2017年期间涨幅达430%。

8.2.1　重大政策

1. 货币政策

2017年全年货币政策基本上没有太大的操作，中国人民银行仅仅对公开市场利率进行了小幅上调，反映了货币政策趋向相对从紧。

2017年2月3日和3月16日，央行公开市场操作利率先后两次上行，幅度均为10个基点，12月14日美联储加息当天，央行将公开市场操作利率再次上调5个基点，符合市场预期方向，但利率上行幅度小于预期。

2. 监管趋严

在重点防控金融风险的大背景下，2017年金融市场"去杠杆"在持续推进，各项金融监管政策都在不断收紧从严，一系列监管政策出台。

2月17日，中国证监会对《上市公司非公开发行股票实施细则》的部分条款进行修改：一是上市公司申请非公开发行股票的，拟发行的股份数量不得超过本次发行前总股本的20%。二是上市公司申请增发、配股、非公开发行股票的，本次发行董事会决议日距离前次募集资金到位日原则上不得少于18个月。

2月18日，证监会发布了《发行监管问答——关于引导规范上市公司融资行为的监管要求》，以规范上市公司再融资。遏制了上市公司放量圈钱，对稳定A股的流动性发挥了重要的作用。

4月26日，财政部发布了《关于进一步规范地方政府举债融资行为的通知》，全面组织开展地方政府融资担保清理工作，并全面改正地方政府不规范的融资担保行为，切实加强融资平台管理。

5月7日，中国保监会印发《关于弥补监管短板构建严密有效保险监管体系的通知》。

9月1日，中国证监会发布《公开募集开放式证券投资基金流动性风险管理规定》，强化机构在流动性风险管控方面的主体责任，降低基金业务的结构脆弱性。

11月17日晚，中国人民银行等五部门联合发布《关于规范金融市场机构资产管理业务的指导意见（征求意见稿）》（简称"资管新规"），明确否定了"通道业务"，只允许资管业务一层嵌套，打破刚性兑付。"资管新规"的出台强化了市场对政府加强金融监管及去杠杆的预期，降低了投资者的市场风险偏好，市场谨慎情绪增强。

3. 减持新规发布

5月27日，中国证监会修订发布了《上市公司股东、董监高减持股份的若干规定》（简称"减持新规"），从扩大适用对象及完善减持制度两方面强化对减持的监管，全面限制了上市公司重要股东集中清仓式的减持渠道。这是2月"再融资新规"以来对产业资本的第二记重拳，同时对市场情绪的稳定发挥了重要的作用。

"减持新规"稳定了市场的情绪，同时伴随着A股加入MSCI指数，A股开启了2017年新一轮的牛市行情。

8.2.2　经济形势

2017年中国GDP实际增速6.9%，增速比上一年上行0.2%，自2011年以来，年度GDP实际增速首次出现回升。2017年固定资产投资累计同比增速达到7.2%，较上一年继续回落0.9%，投资增速下滑形势依然没有好转。其中，基建投资增速继续小幅回落，房地产开发投资增速基本与上年持平，制造业投资增速较上一年升高0.6%。社会消费品零售总额名义同比增速10.2%，增速比上年下降0.2%。出口累计同比增速7.9%，增速较上一年上行15.6%。

在供给侧机构性改革的驱动下，2017年工业企业利润同比增速大幅回升，全年累计同比增速达21.0%，较2016年大幅上升12.3%。

2017年与2016年相比，上市公司利润发生了结构性的变化，主板的利润增速环比改善，但中小板利润增速明显回落，创业板更是出现了利润的大幅下滑。

2017年全年A股上市公司归属母公司所有者净利润增速19%，较上一年提升11%；主板利润增速20%，较上一年提升15%；中小板利润增速20%，较上一年下降17%，创业板利润增速-21%，较上一年大幅下降59%。

在业绩大幅提升的同时，2017年指数总体的估值水平是基本呈震荡走势，以上证综指计算，2017年底全年市盈率PE（TTM）在15.6倍，较2016年底15.8倍的估值水平几乎没变。

8.2.3　主要事件

MSCI指数，是摩根士丹利资本国际公司所编制的证券指数，指数类型包括产业、国家、地区等，范围涵盖全球，为欧美基金经理人对全球股票市场投资的重要参考指数。

MSCI指数所组成的股票，大都是股市中的大型股票，隐含着业绩与财务稳定。

2017年6月21日，A股正式纳入MSCI新兴市场指数。这是自2013年6月MSCI指数启动A股纳入MSCI新兴市场指数全球征询后的首次正式纳入，首批226只A股股票被纳入MSCI新兴市场指数，纳入比例为2.5%，纳入完成后其市值占MSCI新兴市场指数权重为0.4%。在对纳入标的进行动态调整的基础上，9月A股纳入比例将提高至5%，对应权重达到0.79%。

A股纳入MSCI指数，可以说是中国资本市场对外开放的又一标志性事件。

是中国股票市场迈向国际化的重要一步。A股成功纳入MSCI指数，源于QFII、RQFII及沪港通等多种投资渠道的建设、各项交易制度的完善和政策的开放，更源于国际投资者对中国资本市场改革开放成果的认可，印证了中国资本市场正逐渐扩大的国际知名度和国际影响力。

A股纳入MSCI指数将为A股市场带来积极的变化。更多的全球投资者及不同的投资策略将进入市场，长期导向和基本面驱动的策略将会更具影响力，市场结构有望改变。机构资本涌入A股市场，有望降低市场波动，让市场更受基本面的驱动。

A股纳入MSCI指数之后，密切跟踪基准指数的投资者将不得不配置A股成分股。因此，海外投资者将更加积极地参与中国A股市场，预计会有更多外资流入中国A股市场。

与此同时，随着海外投资者更加积极地参与A股市场，上市公司将面临更严格的监管，它们必须将信息披露和治理实践与国际标准接轨。这对投资者及整体市场来说都是利好消息。

数据显示，A股市场受此消息影响当天运行平稳，总体表现为持续上涨，上证综指最高3098.08点，最大涨幅1.86%，报收3095.47点，涨幅1.78%，成交1 851.99亿元，较上一交易日小幅减少。沪市纳入MSCI指数纳板块上涨1.81%，成交760亿元，较上一交易日增加14%。

从资金流入情况看，沪股通流入MSCI指数纳A板块金额明显放大，买入金额增加至112.7亿元，创年内单日最高，约为近一个月平均水平（44亿元）的2.5倍，146只样本股上涨率91%，无个股涨停，涨幅超过5%的个股仅7只。从尾盘表现看，最后5分钟，MSCI指数纳A板块上涨0.13%，推动上证综指上涨2.94个百分点，涨幅0.1%。沪股通买入MSCI指数纳A板块金额20.28亿元，占其全天买入金额的18%。

　　A股的表现基本实现了A股纳入MSCI指数的平稳过渡。A股开启了全面进入国际股票市场的新引擎。

第9章

2018年，跌幅较大的熊市

尽管2018年最后一个交易日是以飘红收官，但纵观整个
2018年A股，不难发现，受国内去杠杆及美股下跌等因素影
响，A股全年震荡下跌，上证综合指数全年跌幅达到24.59%，
深指跌幅高达34.42%，跌幅超过三成。

9.1　重大政策

2018年, 供给侧结构性改革继续推进, "防范化解重大风险、精准脱贫、污染防治"依旧是全年经济工作的重中之重, 加快结构性去杠杆步伐, 加强金融监管, 依然是国家经济工作的重点。

但是2018年出现了许多计划外的问题: 民营企业信用风险出现并升级、基建投资大幅下跌、股市下跌, 进入传统意义上的熊市, 市场预期悲观。

面对这一系列情况, 在维持战略定力的同时, 提出"稳就业、稳金融、稳外贸、稳外资、稳投资、稳预期"的方针政策, 释放鼓励民营企业发展信号, 继续执行深化对外开放的政策措施。

9.1.1　降低存款准备金率

为引导金融机构增加对小微企业的扶持力度, 提升银行资金稳定性, 合理优化流动性结构, 2018年全年, 央行共实行了四次存款准备金率下调, 准备金率由17%下调到14.5%。

从时间上看, 2018年1月25日, 央行就普惠金融定向降低存款准备金率。

4月25日, 央行下调部分金融机构存款准备金率, 包括大型商业银行、股份制商业银行、城市商业银行、非县域农村商业银行等, 降准率达到1%。

7月5日, 央行下调五家国有大型商业银行和十二家股份制银行人民币存款准备金率0.5%。

10月15日, 央行再次下调部分金融银行存款准备金率1%。

央行四次降准共释放增量资金超2万亿元, 表明货币政策在坚持稳健中性基调的基础上继续边际放松, 不仅增加了长期资金供给, 释放出了更多增量资金,还降低了企业融资成本，解决小微企业融资难、融资贵的难题，有效稳定经济。

从宏观层面而言，对股市也起到了非常好的稳定作用，属于重大利好消息。股市也在几次降准时有了一定的上涨。

9.1.2 减税降费

整体而言，2018年除了采用积极的货币政策，财政政策也较为积极，减税降费是工作的重中之重。

2018年5月1日，制造业等行业增值税税率下调，由17%降到16%，建筑、基础电信服务、交通运输、建筑等行业及农产品等货物增值税税率降低1%，变为10%。

同时，工商业小规模纳税人年销售额标准也有大幅度上调，从原来工业50万元、商业80万元上调至500万元，并在一定时期内允许已登记为一般纳税人的企业转登记为小规模纳税人。

不仅如此，在降税方面还有新举措，比如允许一部分先进制造业、研发等现代服务业符合条件的企业和电网企业在一定时期内未抵扣完的进项税额可以一次性退还。

这些举动减轻了市场主体的经营负担，增强了企业活力，使企业资金能够得到更好的配置与使用。减税降费在一定程度上推动了经济发展，稳定社会经济平稳运行，对股市而言同属利好消息。

9.1.3 《关于规范金融机构资产管理业务的指导意见》发布

2018年4月27日，由中国人民银行、中国银行保险监督管理委员会、中国证券监督管理委员会、国家外汇管理局四部委联合印发《关于规范金融机构资产管

理业务的指导意见》(以下简称《意见》)，是规范金融机构资产管理业务的政策
法规。

此《意见》的出台，对风险防控和有序规范做出了很好的结合，有利于降低金
融风险，减少市场震荡，保护投资人的合法权益，保护金融消费者的合理权限，
增强消费者对市场的信任，增强对市场的乐观预期，对股市发展有一定的利好作
用，对维护金融机构的稳定也有非常正面的效果。

9.2　经济形势

9.2.1　经济形势基本平稳

总体来看，2018年全国经济运行总体平稳，稳中有进、稳中有变、变中有忧。

全年国内生产总值同比增长6.6%，比上年同期回落0.2%。规模以上工业增加
值上涨6.4%，国际收支基本平衡。居民消费价格上涨2.1%，物价有所上涨，涨幅比
2017年同期扩大0.6%。生产领域价格也有所上升，全国工业品生产价格上涨3.5%，
但涨幅同上年相比有所回落。就业规模扩大，全国城镇失业率维持在5%左右。

2018年，第三产业比重不断上升，对经济的拉动作用也日益突出，产业增加
值占GDP的52.2%。消费对经济增长的作用进一步增强，拉动效果明显，需求结
构改善明显。

虽然基建投资有所下降，但制造业、房地产等行业投资依然稳定，服务消费
需求大涨。居民收入与经济增长同步，全国居民人均可支配收入同比增长超过
6%，城乡居民收入差距略有缩小，比2017年同期缩小2%。

高新技术产业、装备制造业及国家战略性新兴产业增加值增长迅速，新能源汽车、光纤及智能家居等高新技术产品产量快速增长，销量激增。战略性服务业与高新技术服务业营收速度远超规模以上服务业。

同时，2018年居民消费仍然处于升级阶段，与居民生活有关的养老、医疗、文旅等行业供给量和需求量都有一定程度的提高。与商业配套的咨询、物流、信息、互联网等建设速度加快，愈加完备，整体势头良好。

2018年，经济效益和质量都有所提高，工业实现利润远超企业销售收入增速，杠杆率也有所下降，规模以上工业企业资产负债率同比下降0.4%，为56.8%，特别是国有企业，资产负债率明显下降。不仅如此，经济发展节能降耗深入推进，能源结构明显优化，天然气、水电、风电等清洁能源消费量上涨，单位GDP能耗同比下降超过3%，有明显进步。

9.2.2　经济面临下行压力

2018年经济总体是平稳运行的，但也面临非常巨大的下行压力，无论是生活中还是统计数据，不难发现，民营企业破产数量增加、经营难度变大、基建投资数量锐减、房地产泡沫依旧明显甚至加重等，尤其是一些尚未掌握核心技术的企业发展严重受限，产业链、供应链出现断裂危机。这些问题相互交织、互相叠加，导致经济发展面临一定的困境，金融风险出现的概率极大增加，经济面临下行风险。

9.3　上市公司整体业绩形势

截至2018年底，沪深两市共有3 622家企业发布年报，从发布年报的企业来看，虽然总体业绩尚可，但是经济下行给不少企业带来了发展困难和问题，有部分上市公司经营困难，也有部分上市公司的股权质押甚至被强制平仓，投资者信心下降。

9.3.1　沪市上市公司整体表现

2018年，沪市企业对经济结构调整变化的适应度有所提高，提质增效，总体而言，全年实现营收33.5万亿元，同比增长11%，约占同期GDP比重的三分之一；共实现净利润2.8万亿元，同比增长4%，增速略有放缓，但依然保持了较好的增长势头。

从数量上看，沪市企业总数量占全国注册企业数量的不足万分之一，但却实现了三分之一的GDP营收，表明沪市企业在国民经济中有非常重要的作用。

与此同时，具有市场代表性的蓝筹股指数公司依旧表现稳健，上证50、上证180等代表大型龙头企业的经营增长均高于沪市平均水平，营业收入分别达到18.3万亿元和23.7万亿元，同比增长均超过10%，净利润分别达到2.01万亿元和2.44万亿元，同比增长8%和7%。

当然，沪市也并不都是绩优蓝筹股，也有一些公司常年营收较弱，主业萎靡，甚至陷入经营困局、造血困难、违法乱纪等问题当中。据沪市统计报告显示，2018年，近100家企业净利润下滑幅度超50%；143家企业亏损，约占沪市公司总数的10%。虽然亏损企业占比并不高，但其中不少公司大幅度的商誉减值和各类资产减值行为，都意味着前期资产高估值交易风险暴露，是非常危险的信号。

更值得关注的是，沪市上有30家公司触及退市情形，因经营不善等各种原因被退市风险警示。其中：有1家公司暂停上市、2家公司终止上市。可以看出，面对未来经济下行压力，交易所对上市公司的审核、监管、风险防范方面都会有进一步提升, 尽可能深化资本市场改革, 以金融改革支持实体经济发展, 使资本市场真正成为实体经济的助推器。

9.3.2 深市上市公司整体表现

截至2018年底, 深市2 159家上市公司当中有2 156家公司披露了2018年年报。其中: 主板公司472家, 创业板公司755家, 中小企业板929家。自2018年以来, 中小板和创业板分别新增上市公司28家、45家。

总体来看, 深市三个板块对实体经济的服务层次明显不同: 主板蓝筹、国企等稳健增长, 在供给侧结构性改革中发挥了卓越成效; 中小板龙头企业示范作用显著, 营收增长平稳; 创业板整体业绩承压, 但不难看出, 发展动能依然强劲。

2018年, 主板净利润排名前10的公司共实现净利润1681亿元, 同比增长接近20%。其中, 万科、格力、平安银行、美的、招商蛇口、五粮液和华侨城七家企业公司净润超过100亿元, 贡献巨大。

从总体看, 深市净利润有所下滑, 但盈利面基本稳定, 未见明显波动。深市上市公司归母净利润合计约5 835亿元, 同比下降超过五分之一。其中: 主板下降4.37%、中小板下降31.74%、创业板下降65.61%。扣除非经常性损益后的净利润合计约为4 375亿元, 同比下降约28.6%。从盈利方面看, 深市超过85%的企业实现盈利, 实现净利润同比增长的公司超过54%, 近800家公司净利润增速高于20%, 占比超过三分之一。

实际上, 资产减值损失对净利润影响非常大, 2018年深市公司资产减值损失超过3 592亿元, 同比上升72.26%, 直接对深市上市公司净利润产生超过38%的影响。其中: 商誉减值最为明显, 数值达到1 278亿元, 与同期相比上升近4倍; 存货跌价损失近550亿元, 同比上升超过93%; 坏账损失达到977亿元, 同比上升近

60%，从数值和增速上看，损失和风险还是比较大的。少数因资产减值而产生巨大亏损企业，对整体业绩影响比较大。

9.4　主要事件

9.4.1　资管新规发布

4月27日，由央行、银保监会、证监会、外管局四部委联合制定的《关于规范金融机构资产管理业务的指导意见》正式出台。此前，同类资管业务的监管规则与标准都不一致，部分业务发展不规范、监管不到位、监管道理、刚性兑付、规避金融监管等诸多问题。

资管新规主要对这一系列问题进行了规范和约束，目的在于规范金融机构资产管理业务、统一同类资管产品的监管标准，引导社会资金流向实体经济、打破刚性兑付、化解影子银行风险、防范和控制金融风险，最终是为了更好地支持经济结构调整和转型升级。

资产新规的发布，不仅有利于维护金融市场秩序，增强投资者的投资信心，更有利于推动国家经济的高质量发展、优化发展结构、推动产业的优化升级。

9.4.2　A股正式"入摩"

2018年6月1日，A股正式被纳入摩根士丹利资本国际公司（MSCI）新兴市场指数。MSCI指数是由摩根士丹利资本国际公司编制的跟踪概念股票表现的指数，中文名称叫明晟指数。

MSCI指数之所以非常重要，是因为它广为全球投资人参考。首批226只

A股股票被纳入MSCI新兴市场指数当中，纳入比例为2.5%。A股成功"入摩"，意味着A股向全球资本市场又迈出了坚定的一步，国际知名度和影响力都在不断提高。

引入境外投资者是资本市场以开放促改革的重要手段之一，证券交易所作为资本市场的核心机构，发挥了重要作用。如何推动制度、服务、规范与国际接轨，更好地对接国内外投资群体，是证券市场面临的重要问题。只有解决了这些问题，中国才能更好、更迅速地走入国际资本市场的"中心舞台"。

9.4.3　长春长生疫苗事件

2018年，轰动全国的假疫苗事件主角*ST长生即将退市，这是A股历史上首次出现因"重大违法行为"而强制要求退市的上市公司。

2018年7月15日，国家药品监督管理局发布通告指出，长生生物冻干人用狂犬病疫苗生产存在记录造假等行为，消息一出就引发轰动。2018年10月16日，国家药监局和证监会分别发布公告，对长生生物疫苗造假事件进行处罚。

2018年12月11日，长生生物宣称已收到深交所强制退市事先告知书，拟对企业实施重大违法强制退市。而后，深交所根据相关法律规定，将长生生物强制退市。

9.4.4　纾困基金

自2018年10月起，地方政府、券商、保险资管等为民企纾困，纷纷出资，推出了"纾困基金"。据证券公司统计，目前纾困基金在不考虑央行民企信贷及债券融资支持资金的情况下，规模就已经超过5 000亿元，是比较大的资金规模。

截至2018年11月16日，已有北、上、深等14个地方政府及国资企业陆续成立纾困专项基金，据不完全统计，地方政府成立的基金总规模约为1 800亿元。互助式纾困基金，不仅将"政府主导化风险"转换成"政府引导防风险"，更把一家企业单枪匹马面对资金短缺的问题变成大家互帮互助、抱团取暖，延长了企业生命线，拓宽了企业融资渠道，极大地增强了企业活力，助力企业走出危局。

第10章

2019年，结构性牛市，核心资产价值倍增

2018年底A股的业绩爆雷公司股价频现闪崩，利空已经释放殆尽，可以说A股的业绩风险已经开始得到释放。

2019年，各大指数均有不同程度的上涨。上证指数涨幅超过22%，深证指数涨幅高达44%，中小板指数上涨41%，创业板指数涨幅达到43%。总体而言，指数较2018年有了大幅度提升。

10.1　重大政策

10.1.1　全面降准

2019年1月4日，央行发布公告，下调金融机构存款准备金率1%，进一步支持实体经济发展，优化流动性结构，降低融资成本。降准分两次完成，每次降低0.5%。

据央行测算，降准将释放约1.5万亿元的资金，考虑到即将开展的定向中期借贷便利操作和普惠金融定向降准动态考核所释放的资金，以及一季度到期的中长期借贷便利不再续做的因素后，净释放资金约为8 000亿元。

2019年9月6日，央行宣布"全面+定向"降准，释放资金约9 000亿元。2019年9月16日，央行再次决定全面下调金融机构存款准备金率0.5%。不仅如此，为加大对小微企业、民营企业的支持力度，央行决定额外再对仅在省级行政区域内经营的城市银行定向降准1%，分两次完成。

纵观2019年一整年的全面降准与定向降准，对股市而言是重大利好消息，有利于金融机构增加流动资金，降低企业融资难度和融资成本，激活企业活力，使企业能够获得更多的机会。尤其是对银行股而言，更是不可多得的好机会。

10.1.2　科创板开板

1月23日，中央全面深化改革委员会召开第六次会议，审议通过了《在上海证券交易所设立科创板并试点注册制总体实施方案》和《关于在上海证券交易所设立科创板并试点注册制的实施意见》。

1月30日，证监会发布了《关于在上海证券交易所设立科创板并试点注册制的实施意见》，上交所随后发布设立科创板并试点注册制相关配套业务规则公开征求意见的通知。

2019年6月13日，科创板开板，迅速突破原有机制，给中国资本市场带来了新的活力和深远影响。

2019年7月22日，首批科创板公司正式登陆A股上市交易。从此A股市场正式进入科创板时间。截至当天收盘，首批25只科创板个股全线飘红，首日平均涨幅达到了惊人的140%。

2019年大盘走势见下图。

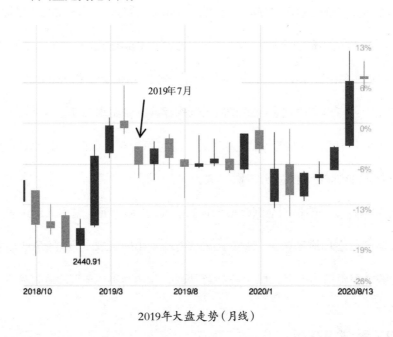

2019年大盘走势（月线）

上海交易所在2019年内共受理了204家企业的科创板上市申请。其中77家已完成注册，27家正在证监会程序注册，3家被否，2家终止注册，1家被证监会宣布不予注册。

截至2019年最后一个交易日收盘，科创板共有70家企业挂牌上市，总市值达到8 578.42亿元，平均市盈率高达73.85倍。

科创板作为中国资本市场当中非常重要的拼图，对整个 A 股市场都具有"里程碑"式的意义。

设立科创板并试点注册制，对于实体经济而言，具有重大作用。科创板支持有发展潜力、市场认可度高的科创企业壮大，增强资本市场对未盈利、同股不同权、红筹股等企业的包容度，允许其上市发行，加速科技成果转化，保障科技、资本、实体经济之间形成正向闭环。

这对中国股票市场而言是重大利好消息，极大地增强了投资者的投资信心，市场做多热情被充分点燃。

10.1.3　沪深300ETF期权上市

2019年，银监会下发通知，将正式启动扩大股票股指期权试点工作，将在沪深两市上市沪深300ETF期权合约。同时，沪深300指数期权将在中金所首次试点现金交割，对于满足消费者风险管控更具有可操作性。

2019年12月23日，两只沪深300ETF期权正式于上交所和深交所上市。

对于A股市场而言，场内股指期权作为一种独特的风险管理工具，既可以满足投资者风险管控的需求，又可以吸引理性投资者参与投资，极大地提高了市场流动性，补充了市场有效性。同时，场内股指期权还有平抑价格波动的作用，有效推动资本市场健康稳定发展，对经济发展也有重要作用。

10.1.4　新证券法通过

2019年12月28日，第十三届人大常委会第十五次会议审议通过了新证券法修订草案，即新的《中华人民共和国证券法》，新证券法将于2020年3月1日实施。

此次证券法针对证券发行制度、股票发行注册制改革等方面提出了具体要求。强化信息披露，对投资者的保护力度增加，增强投资者信心。新证券法通过的第一个交易日，股市大涨，上证综指上涨1.2个百分点。其中券商板块单日涨幅高达5.6个百分点。

作为资本市场的"根本法"，新证券法的颁布，不但对欺诈发行的行为加大了处罚力度，还意味着如果责任属实，发行人的控股股东、实际控制人需要被没收自己企业上市的全部收益，还有可能要面临高额的罚款。

在这种制度下，对中小投资者而言是非常有利的，极大地保护了中小投资者的利益。对证券市场而言，是实实在在的利好消息。

10.2　经济形势

2019年中国对金融机构实行降准，对企业实行大规模减税降费措施，全年减税降费总额超过2万亿，这些举措极大地降低了企业负担，丰富了企业融资渠道，激发了市场活力，有效对抗经济下行对企业的不良影响。

与此同时，不断推出贸易便利措施，推动国际贸易发展，持续优化营商环境，通过《外商投资法》《优化营商环境条例》等法律法规，减少外商投资负面清单，进一步吸引外资，增强国际间交流合作。

10.2.1　经济总体发展形势

从2019年全年发展来看，始终在求稳，通过灵活运用宏观政策调节工具，有效对冲经济下行带来的压力，积极的财政政策和货币政策保持了经济总体的发展。

随着宏观经济政策的运行，滞后性的消失，经济会有进一步的发展，释放出的资金将得到更好地利用，对企业和国民经济而言都是很好的助推器。

从国际形势看，2019年国际环境整体复杂性增加，挑战增多，经合组织等机构多次下调全球经济预期。面对国际经济下行环境，中国经济展示出了一定的实力，总体保持平稳并且稳中有进，基本指标达到预期。

1. 整体局势向好

"稳"是2019年中国经济发展的一大关键词。面对国际国内复杂的环境，国内生产总值（GDP）增长6.1%，顺利达到年初设立6%～6.5%的目标区间。不仅如此，在全球总量1万亿美元以上的经济体中，经济增速排名第一，成为世界经济增长的重要推动力。

据国家统计局核算，2019年全年，国内生产总值达到990 865亿元。其中，第一季度同比增长6.4%，第二季度同比增长6.2%，第三、四季度同比增长6%。

从产业看，第一产业增加值为70 467亿元，增长3.1%，第二产业增加值为386 165亿元，增长5.7%，第三产业增加值534 233亿元，增长6.9%。从统计数据不难看出，第三产业发展迅速，产值增加最多，增长速度最快。

稳增速、稳就业、稳投资、稳外贸、稳收入……2019年全年，经济发展围绕一个"稳"字，经济增速、物价水平、就业水平和国际收支等经济指标都保持在预期区间内。

在"稳"的同时，可以看到，中国经济正在向高质量发展转化，经济结构不断优化，基本面依然向好。在国际不确定性增加、经济增速放缓的2019年，人均GDP首次站上1万美元的新台阶，经济稳健运行，体现出经济发展的巨大潜力。

2. 对外合作水平提高

2019年，货物进出口总额达到315 446亿元，同比增长3.4%。其中，出口172 298亿元，增长5.0%；进口143 148亿元，增长1.6%，顺差约29 150亿元。

对欧盟进出口增长8%，对东盟进出口增长14.4%；与"一带一路"沿线国家合计进出口增长10.8%，进出口增势稳中有升。

2019年，经济对外合作水平又上一个新台阶。11月份在上海举行的第二届进博会，吸引了全球181个国家、地区和国际组织参与，共有行业近4 000家企业参展，累计成交意向超过710亿美元，比首届有了较大幅度的增长，涨幅达到23%。进博会作为促进中国进出口和国际交易的重要平台，对中国经济发挥了重要作用。

3. 中国经济具有发展潜力

2019年虽然国际形势复杂多样，国内也面临一定的经济下行压力，但从整体而言，经济的规模优势和社会制度带来的集中力量办大事的优势明显，经济仍然具有很强的发展潜力。

2019年11月30日，根据国家统计局的调查报告显示，11月份制造业PMI指数为50.2%，比10月份上升0.9%，再次回到扩张区间，供需均得到一定程度的改善。从高新制造业、装备制造业和消费品行业等重点行业来看，PMI实现两连升，整体还是不错的。

10.2.2 上市公司整体业绩形势

截至2020年4月30日，沪市主板有1 476家公司、深市有2 150家企业公布了2019年年报，从年报数据可以看出，已经披露的上市公司总营业收入达到50.1万亿元，同比增长10%，实现归母净利润4.23万亿元，同比增长9.4%。其中，3 278家上市公司实现盈利，占总数的88.45%，2 259家上市公司与2018年相比净利润同比增长，占总数六成以上。

多项指标显示，2019年上市公司整体盈利稳中向好，分红水平再次提升，体现出经济所具备的强大韧性，也体现出积极宏观财政政策带来的影响。

1. 沪市上市公司整体表现

从沪市来看，2019年沪市主板企业全年实现营收37.21万亿元，同比增长9%，约占全国GDP的40%，共实现净利润3.19万亿元，同比增长9个百分点。其中，只有不足一成企业未实现盈利。同时，经营质量也在逐渐提升，共实现扣非后净利润近3万亿元，同比增长8%，表现相当不错。

从行业来看，沪市制造业增长速度较快。在基建需求拉动、"一带一路"建设等因素的影响下，沪市在专用设备、运输设备制造等行业涨幅较大，分别实现净利润达到244亿、215亿，同比增长62%和52%。

据上交所资本市场研究所调查显示，沪市实体类公司2019年研发投入非常高，合计约为4478亿元，与2018年同期相比增长14%。在沪市当中，有70家企业研发投入占比超过10%，超过480家企业研发投入上亿元。其中：汽车制造业、工程建筑业等行业研发投入量比较大，软件、信息技术服务、互联网等行业研发投入占比靠前。

2019年，沪市公司延续重回报、高分红的优良传统增强投资者获得感。沪市主板中有近1 110家公司推出分红方案，占全部盈利公司数八成以上，分红比例近三分之一，合计分红金额超过1万亿元，创历史新高。

总体而言，沪市企业在2019年的发展过程中展示出了良好的排头兵形象，对中国经济的发展起到了非常重要的作用。

随着沪深两市上市公司2019年年报情况整体披露，资本市场再次展现出支持科技创新的强大力量，日益成为推动科技创新和经济转型的重要平台。2019年年报显示，沪市主板公司持续加大科技研发投入，科创板聚集了一大批高新技术产业和战略新兴产业公司，而新技术、新产业、新业态、新模式企业也加速在创业板聚集。

2. 深市企业整体形势

2019年深市公司营收总额达到13.3万亿元，同比增长超过10%，其中主板、中小板、创业板分别达到6.5万亿元、5.2万亿元和1.6万亿元，同比增长9.7%、10.3%和11.7%，均高于规模以上工业企业的营收增速。

2019年，深市公司归母净利润达到6 320亿元，同比增长3.4%。85.8%的公司实现盈利，60.5%的公司实现净利润同比增长，超过四成的公司净利润增速超过20%。深市主板和中小板在基数较大的情况下仍然做到持续增长，整体成长还是比较快的。

行业方面不难看出，深市新型制造业增长强劲。万科、格力、比亚迪、京东方等一批制造业行业龙头企业的出现，带动了制造企业整体稳定的态势。

2019年，深市制造业公司营业总收入同比增长7.1%，净利润同比下降6.5%，虽然有所下降，但与2019年-21.6%的情况相比，降幅收窄。电气机械、计算机通信、租赁设备等行业增长速度较快，净利润同比增长65.4%、26%和24.1%。

第三产业增长平稳，现代服务业发展势头良好。深市第三产业公司营业总收入和占总体比重达到33.6%，净利润占总体比重达到38.6%，占比均连续3年增长。金融和房地产公司净利润分别同比增长31%和10.6%，对第三产业起到了强劲的拉动作用。

深市现代服务业发展迅速,租赁、商务服务及科技服务业公司数量占比超过一成,净利润增速超过50%。但深市净利润受少数异常亏损公司影响业比较大,盈利状况也有一定的波动。

深市公司在研发上同样增加了投入,研发金额达到3 924.4亿元,同比增长达到12.8%,连续三年保持增长。

研发资金支出超过10亿元的公司有60家,其中有8家公司指出超过50亿元。截至目前,深市共有314家新一代信息技术类公司,尤其是5G时代的到来、互联网、大数据技术的完善、物联网生态的健全,会对深市发展有非常明显的提振作用。

分红方面来看,深市做得也不错,有超过65%的公司推出了现金分红预案,分红金额超过2 879亿元,比2018年同期上涨10.5%,连续三年分红的公司达到1 272家。

总体而言,2019年的深市,在传统基建的基础上大力发展新型技术产业,不仅可以实现企业的发展,更能拓宽国家经济的发展空间。

10.3　主要事件

10.3.1　沪伦通正式建立

沪伦通指上海证券交易所与伦敦证券交易所互联互通的机制,符合条件的两地上市公司,可以发行存托凭证(DR)并在对方市场上市交易。

沪伦通于6月17日正式建立并运行。

在近1 500家沪市上市企业中,超过260家企业有资格参与沪伦通在伦敦上市。预计到2030年，中国资产管理规模将超过17万亿美元，该数值还是相当可观的。

沪伦通的启动对中国资本市场而言具有非常重要的意义，是改革开放的重要探索，也是中英金融领域的重要合作，对中英双方跨境投融资具有实际意义，不仅有利于上海国际金融中心的建设，更有利于促进中英两国在金融、资本市场的合作与共同发展。

10.3.2　IPO数量大增

2019年全年共有203家公司在A股上市，成功实现IPO，募资金额超过2 532亿元，与2018年105家企业IPO的情况相比，有了近一倍的增长，增长量为93.33%，募资金额也远超2018年1 378.15亿元的首募金额，增加额为83.76%。

从市场选择来看也有一定的变化，上交所125家，其中：在科创板上市企业为70家，主板企业55家。深交所78家，其中创业板企业52家，中小板企业26家。

在募集资金金额方面，70家科创板上市公司首募金额超过824亿元，主板市场共募集资金超过1 062亿元，创业板和中小板相对规模较小，分别为301.21亿元和344.67亿元。

可以看出，2019年上市企业数量的大幅增加，一方面是因为科创板的建立，另一方面是因为企业自身的发展达到上市标准，对企业而言，企业有了更广阔的平台募集资金，生产发展，对于国家而言，对经济发展也起到了一定的促进作用。

10.3.3 退市数量创历史新高

前面说到上市，有上市就一定对应着有退市。2019年，沪深两市共有18家企业退市，创历史新高。这18家企业当中，1家企业为主动退市，9家企业为强制退市，8家企业以重组出清资产方式退市。

虽然这个数字看起来并不多，但是相比过去30年时间内A股退市公司不过百余家的数量，18家这个数量还是比较大的，甚至可以说，2019年是退市大年。

对于企业的退市，监管层起到了非常重要的作用，坚决执行退市制度，合理合法实现"有进有退、进退有度"，极大地保护了投资者的合法权益。

将扰乱市场秩序、触及退市标准的企业清出资本市场，不仅会激发企业活力，还会改变整个投资生态，过去"炒新、炒小、炒差"的投资理念也将过时，价值投资倾向会越来越明显，对整个资本市场而言是好事，也净化了市场。

后记　2020年的股市

2019年底，我正踌躇满志地布局2020年的投资计划，不曾想在2020年初，疫情打乱了几乎所有的计划，交通出行、文化娱乐、工作生活……同样受到疫情严重影响的，还有股市的走势。

2020年3月31日，是第一季度最后一个交易日，A股三大指数高开低走，截至收盘，三大股指均有小幅上涨。其中：沪指报收指数2750点，环比下跌近10%。

受疫情影响，A股市场存在一定程度的下跌，但是与美国、欧洲、日韩等国相比，A股在全球股市中的表现还算不错，沪指下跌约10%，深证成指下跌约4.5%，创业板逆势而上，上涨4%。在第一季度当中，很多投资者的投资收益并不理想，资产遭受损失。

整体来看，2020年第一季度，A股市场先扬后降，坐上了"过山车"。春节前，A股市场延续2019年第四季度以来的良好势头，科技板块表现尤其突出，涨势喜人。

春节后，A股市场率先遭受重创。2020年2月3日是春节后第一个交易日，A股各大指数集体受到重挫，沪指当日大跌7.72%，深证成指大跌8.45%、中小板指数大跌8.62%，创业板指数下跌6.85%，跌停个股超过3 100只。

随后，随着央行支持力度的增加，一系列利好措施的出台，资金重新涌入，股指和个股都有较大幅度的上涨，沪深两市成交额屡破万亿，创业板指数更是屡创新高。

2月下旬以来，海外疫情的扩散和蔓延引发经济的衰退和民众的恐慌，海外市场大幅下跌，全球经济金融环境对A股的影响也比较大。在2月最后一个交易日，A股市场再次出现下跌，当日三大股指全线下挫，上证指数下跌3.71%，深证成指下跌4.93%，创业板下跌5.9%，中小板下跌4.86%，沪深300下跌3.55%，个股跌停近250只。

进入3月，海外疫情严重，各种极端现象出现，全球经济再次下滑，市场预期悲观，海外市场接连下跌，甚至出现流动性风险导致的负反馈。A股市场同样受境外市场的影响，从3月首个交易日2970.93点，上升至3月5日的3071.68点，随后一路下跌，在3月13日再次跌破2900点，并在下一个交易日跌破2800点。

美股在大幅下跌后触发了四次熔断，受其影响，美股第四次熔断当日，A股同样跳空低开，全天震荡下跌，跌破2700点，报收仅为2660.17点，下跌严重。

不仅在股指上有跳水的表现，截至3月30日收盘，沪深两市成交额也有较大幅度的下跌。当日，沪深两市成交额仅为6 331亿元，相比月初首个交易日10 290亿元的成交额，跌幅超过38%。从行业也可以看出，A股市场受外需影响大的行业，如进出口、电子等行业调整幅度大，而医药、食品饮料等靠内需拉动的板块，表现良好。

中国已进入疫情尾声，逐渐展开复工复产，目前生活已经基本达到疫情出现前的状态。在政策支持下，A股迅速回暖，A股盈利同比增速将增加。

财政是逆周期政策的主要发力点，随着综合专项债、特殊国债等专项债券的发行，减税降费的实施，补贴力度的增加，区域和产业政策的加速落地，GDP将有明显地回升，企业也会增加活力。

从行业分布来看，随着新基建的建设，进出口贸易的恢复，工业板块与科技板块都将迎来回暖，消费板块也将再次升级，获得较高的盈利。

总体而言，A股市场依然是充满活力与生机的市场，虽然从整体来看，不能否认的是受到疫情的影响，A股市场出现了一定幅度的下跌和震荡，但幅度远远小于海外市场的跌幅，A股市场体现了经济发展的韧性，也逐渐发展和完善，走出了独立行情。

我作为一名长期价值投资者，长期看好中国经济和A股市场。

中国是最大的发展中国家，新型工业化、信息化、城镇化、农业现代化发展正在逐步深入，改革开放、对外合作能力加强，经济发展内生动力提高，发展质量逐渐优化，发展结构逐渐完善，国民受教育水平不断提升，人才储备量日益增长，这些都让中国经济能够平稳运行，趋利避害，在未来发挥更大的潜力。